문학과지성 시인선 384

소문들

권혁웅 시집

문학과지성사

문학과지성 시인선 384
소문들

초판 1쇄 발행 2010년 10월 7일
초판 5쇄 발행 2016년 3월 21일

지 은 이 권혁웅
펴 낸 이 주일우
펴 낸 곳 ㈜문학과지성사

등록번호 제1993-000098호
주   소 04034 서울 마포구 잔다리로7길 18(서교동 377-20)
전   화 02)338-7224
팩   스 02)323-4180(편집) 02)338-7221(영업)
전자우편 moonji@moonji.com
홈페이지 www.moonji.com

ⓒ 권혁웅, 2010. Printed in Seoul, Korea

ISBN 978-89-320-2165-2 03810

이 책의 판권은 지은이와 ㈜문학과지성사에 있습니다.
양측의 서면 동의 없는 무단 전재 및 복제를 금합니다.
지은이는 서울문화재단 2009문학창작활성화지원사업기금을 수혜했습니다.

문학과지성 시인선 384
소문들

권혁웅

2010

시인의 말

시절이 달랐다면
여기에 실린 시들의 절반은 쓰이지 않았거나
여기에 실리지 않았을지도 모른다
나는 모르겠다
그 나머지 절반이 나를 이끌어왔는지
아니면 그 절반이 나를 이끌어왔는지

2010년 10월
권혁웅

소문들

차례

시인의 말

제1부 소문들

군입 11
소문들—짐승 12
소문들—유파(流派) 16
소문들—권법(拳法) 23
소문들—진법(陣法) 28
소문들—전술(戰術) 32
소문들—성좌(星座) 34
언제 새어 나갔는지 혹은 새어 들어왔는지
도무지 알 수도 없고 알 리도 없으니 37
소파의 기하학 38
심장은 통통배처럼 39
오늘의 운세 1 40
오늘의 운세 2 42
집으로 가는 길 45
사생활의 역사 46
네거리의 불가지론 48
가정요리대백과—숟가락 50
가정요리대백과—그릇 53

가정요리대백과—밥상　56

제2부 야생동물 보호구역

적어도 한 번은 우리가 만났다—야생동물 보호구역 1　61
첫사랑—야생동물 보호구역 2　62
노인들—야생동물 보호구역 3　64
입맞춤—야생동물 보호구역 4　66
질투—야생동물 보호구역 5　68
나무인간 1　70
나무인간 2　71
사춘기—야생동물 보호구역 6　72
마다가스카르가 떠다닌다　74
밀월(蜜月)　75
기다림—야생동물 보호구역 7　76
고백—야생동물 보호구역 8　78
버려짐—야생동물 보호구역 9　80
바이칼—야생동물 보호구역 10　82
외전 십이지(外傳 十二支)　85

제3부 드라마

별사(別辭)　95
귓속의 알리바이　96
또 다른 고백　97
나는 전설이다—드라마 1　98

순수의 시대―드라마 2 100
개와 늑대의 시간―드라마 3 102
예고된 죽음의 기록―드라마 4 104
그의 심장은 목덜미 어디쯤에 있었다 106
강변 여인숙 1 108
강변 여인숙 2 110
에덴의 동쪽―드라마 5 111
분노의 포도―드라마 6 114
소오강호―드라마 7 116
슬픈 일 119
반죽 이야기 120
와중(渦中) 122
우로보로스를 생각함 124
숙맥(菽麥) 127

제4부 불멸의 오랑우탄

허기 131
불멸의 오랑우탄 132
필멸의 고릴라 134
독순술 하는 밤 136
노모 1 138
노모 2 139
트렁크처럼 너는 혼자였다 140
흘수선(吃水線) 앞에서 142

사물이 거울에 보이는 것보다 가까이 있음
—멜랑콜리아 1 144
회전문에 두고 온 손가락 하나—멜랑콜리아 2 145
잎은 소수(素數)로도 돋는다—멜랑콜리아 3 146
물로 된 사람—멜랑콜리아 4, 고 박찬 시인께 148
환희라는 이름의 별자리 151
기록 보관소—A구역 152
기록 보관소—B구역 154
기록 보관소—C구역 156
기록 보관소—D구역 158

해설 | 생활 세계와 기호계의 시적 동기화 · 조강석 160

제1부
소문들

군입

입안에 사막을 들였다는 것은
조바심이 당신을 바짝 구웠다는 증거,
바깥에서 불어온 바람이
혀끝에서부터 고사목들을 세우기 시작한다
그러니까 어떤 침도 눈물도
그 사람을 넘을 수는 없다는 뜻,
당신이 마주한 그 사람이
이곳까지 비그늘효과를 낸다는 뜻이다
당신이 당신 안에서 노숙하는 기분이 든다면
저 타는 애를 햇빛에 널어보라
기왕에 끓을 거라면
내면에서 막 떠낸 두부라도 먹기 좋게
입안에 썰어 넣으면 좋지

소문들
— 짐승

1

 창피(猖披)란 짐승이 있어, 무안(無顔)과 적면(赤面) 사이의 좁은 골짜기에 산다 야행성이라 잘 눈에 띄지 않지만 간혹 인가에 내려와 쓰레기통을 뒤진다 팔다리가 가늘고 귀가 뒤로 말려서 비루먹은 곰처럼 생겼다 산정(山頂)을 좋아해서 오르다가도 꼬리가 무거워 늘 골짝으로 떨어진다 이 짐승의 가죽을 얻으면 얼간망둥이를 면할 수 있다

2

 낭패(狼狽)는 이리의 일종이다 낭은 뒷다리가 짧고 패는 앞다리가 없어서, 길을 가려면 반드시 두 마리가 짝을 이뤄야 한다 전하여 서로의 배필을 찾지 못했을 때를 낭패라 하고, 동성의 짝을 만나 겹으로 쓸모를 잃었을 때를 낭낭패패라 한다 이 짐승을 달여

먹으면 어지자지가 떨어져 한 몸이 둘이 된다

　　3

하루에 천 리를 달리는 말이 있으니 이를 무족마(無足馬)라 한다 인적 끊긴 지 오래인 인가의 굴뚝을 끌어안고 살다가, 성체가 되면 지붕 위를 뛰어다니며 긴 혀로 수염에 붙은 침이나 귓속의 귀지를 핥아 먹는다 한 마리에 천 냥이나 하는 귀한 짐승이어서 특별히 이 짐승 기르는 일을 업으로 삼은 자를 말전주꾼이라 부른다

　　4

암상이라고도 부르는 질투(嫉妬)는 암컷이고, 수컷은 따로 시기(猜忌)라고 부른다 떼를 지어 다니며 사

람을 잡아가서는 벼랑 위에서 밀거나 동굴에 가둔다 육질을 연하게 하거나 소금물에 재워두기 위해서다 송곳니와 어금니가 두루 나 있어서 고기를 자르거나 으깰 수 있다 구들직장이 아니고서는 이 짐승의 눈을 도무지 피할 수가 없다

5

외설(猥褻)은 사면발이의 한 종류다 눈이 작고 앞니가 돌출해 있어서 서생(鼠生)을 닮았으나 그보다도 작고 바글바글하다 어느 구멍이든 파고들기를 좋아해서 한번 자리를 잡으면 색출하기가 여간 어렵지 않다 하나를 잡으면 둘이 나타나고 둘을 죽이면 넷이 나타나, 마침내 온 집을 가득 채운다 더러우니 먹어선 안 된다

6

개차반 있는 곳에 파리가 있으나 개중에는 군집을 싫어하는 놈들이 있어서, 이를 청승(青蠅)이라 한다 볕 잘 드는 곳에서 눅눅한 날개 말리기를 좋아하는데, 그러다 간혹 날개가 바싹 말라서 굶어 죽기도 한다 몸 전체가 푸른빛이어서 청백리들이 좋아한다 처마 밑에서 겨울을 나지만 넛보나 계명워리가 드는 집에는 얼씬도 하지 않는다

소문들
— 유파(流派)

소림, 무당, 화산, 아미, 곤륜, 개방…… 따위는 물 건너온 허깨비 유파라, 그 세력이 다한 지 이미 오래다 작금에 이르러 중원에 위명을 날리는 것은 새로운 9파 1방이니, 마땅히 시사 상식에 기록해둘 일이다

1. 공중(恐衆)

최대 유파는 공중인데, 혹자는 이를 공인중개사의 약자라고도 한다 중원의 모든 현과 읍에 지부를 두었으며 집을 매매하는 자에게 구전을 뜯어 규모를 키웠다 기밀문서를 다루는 이런 곳을 일러 복덕방이라고도 하는데, 무예를 연마하는 기원, 심신을 수양하는 근린공원, 생활 터전인 노인정과 함께 공중의 4대 거점이다 최근 정리해고와 의술의 발달로 그 수가 더욱 늘어, 미래의 중원은 공중화 사회가 될 것이라는 참요까지 생겼다

2. 초징(楚澄)

초나라에서 유래한 청류파로 이름난 문사들이 많이 났으나 최근에는 세를 불리는 과정에서 교언영색을 일삼아 위명을 제법 잃었다 문필을 업으로 삼아 향교와 서당을 장악했는데 이런 배움터를 초등학교라 한다 학문에 뜻을 둔 자는 이들에게서 배움을 시작하는 것이 불문율이다 이들에게 찍혀 뜻을 꺾은 문사가 부지기수다 악플[惡筆]이라 부르는 암기를 쓰는데, 이를 맞으면 오장육부가 뒤틀리고 칠공에서 피를 쏟는다고 알려져 있다

3. 기독(氣毒)

무당파의 후예이며 십일조라는 조직 체계를 내세워 크게 흥성했다 열 명이 한 조를 이루는데 각 조의 우두머리를 십부장, 십부장 열의 우두머리를 백부장이

라 하여 천부장, 만부장에 이른다 십만부장 이상이 되면 대목이라 하여 그 직위를 세습할 수 있다 신구약진경이란 비급을 귀히 여기나 꼭 거기에 얽매여 살지는 않는다 축도신공, 무소부재검, 전지전능권, 출입매시축복수, 불신지옥인, 박멸발갱이진 등의 절세무공을 쓴다

4. 덕후(德侯)

장강 이남에 자리를 잡아 오(吳)나라의 덕후〔타쿠〕라 불리지만 실은 은둔자 무리〔히키〕와 함께 열도에서 건너온 왜인들이다 둘을 묶어 폐인이라 손가락질하는 이도 있으나 문예부흥을 이끌었다고 칭송하는 이도 있다 비전절기를 전수받은 소규모 구성원들이 은밀히 모임을 갖기 때문에 그 수가 얼마인지는 알 수 없다 기문둔갑술, 변신술, 소환술에 능해 남자가 여자로, 노인이 학생으로, 사람이 로봇으로 변신한다

5. 파파(婆跛)

  평소에 노파나 절뚝발이로 위장한다고 해서 이 이름이 붙었다 철저히 이익만을 좇는 전문 살수 집단으로 만금을 주면 임금도 암살한다고 알려져 있다 이들이 펼치는 천라지망을 파파라(婆跛羅)라 하고 파파라에 걸려든 경우를 일러 파파라치(婆跛羅致)라 한다 한번 파파의 표적이 되면 집에서도 길에서도 마음을 놓을 수 없다 청운답보라 불리는 경공의 대가들이어서 어디든 잠입과 매복이 가능하기 때문이다

6. 중마(狆魔)

  중원 제일의 미녀 집단이 미수(美嫂)인데, 이들이 혼인을 통해서 미색을 잃고 삼 갑자의 내공을 얻으면 미세수(美世嫂)가 되고, 육 갑자를 얻으면 중마가 된다 중마가 되기 위해서는 달리는 버스 통로에서 막춤

이라 불리는 고난도의 무예를 시전해야 한다 십 갑자에 이른 으뜸 중마를 아중마(雅狆魔)라 하며 중원에서 당해낼 자가 없다 이들의 비밀결사 모임이 계다 계에서는 돼지를 잡아 제사를 지내는데 이 돼지를 계돈이라 한다

7. 용역(龍另)

용산에서 발흥했으며 우면산의 검경(劍京), 발치산의 공산(恐汕)과 함께 3대 조폭이었으나 동이와 오환의 대살육 때에——이를 육이오(戮夷烏)라 부른다——검경과 연합, 공산을 궤멸하여 장안을 장악했다 정직한 자를 잡아가고 가난한 자를 태워 죽이며 속이는 자에게 쌀을 주고 부유한 자의 곳간을 지켜, 그 악명이 자자하다 최루탄지공, 개발이익조, 아수라권, 물대포신장, 소요진압진 등의 연합 무공을 쓴다

8. 성어(聲漁)

뭇사람들을 강시로 만드는 공전절후한 무공을 소유한 유파다 이들은 사람들의 이배혈에 1촌이 채 못 되는 얇은 침을 찔러 넣는데, 이 침을 수편(手鞭) 혹은 핸드폰이라 부른다 수편에 맞으면 이들의 전유입밀에 지배되어 꼼짝없이 놀아나게 된다 목소리 하나로 사람을 낚시질한다고 하여, 스스로도 사람을 낚는 어부라 칭한다 이들의 궁이 남해나 설산에 있어 이들을 벽안의 고수로 보는 이들이 있지만 실제로는 중원인들이다

9. 사군(思君)

충의를 으뜸가는 덕목으로 내세우지만 고리대금이 주된 일이다 장문인이 장씨여서 세간에서는 이들을 장문세가(張門世家) 혹은 장사꾼이라 부른다 "떼인

돈 받아드립니다"에서 "달아난 고세인 처녀 잡아드립니다"에 이르기까지, 돈이 되는 일이면 무엇이든지 한다 우공이산이라, 멀쩡한 산을 옮기고 상전벽해라, 보기 좋은 바다를 메우는 게 이들의 일이다 임금과 시장의 보이지 않는 손을 믿어 탈세와 포탈이 이루 말할 수 없다

10. 고세(高世)

중원이 강역을 크게 넓히자, 살 곳을 잃은 사이(四夷)의 민초들이 낙양 주변에 몰려들어 월하촌을 이루었는데, 여기서 태어난 이들을 고세인(高世人)이라 한다 남만과 북적에서 인신매매로 잡혀온 아녀자들이 낳은 자식도 고세인이다 장강을 경계로 중원의 경제가 크게 나뉘었으니, 강남에 정규직인 장녀(漿女)가 있다면 강북에 비정규직인 고세가 있다는 속담은 이런 현상을 이르는 말이다

소문들
── 권법(拳法)

전승되는 권법 가운데에는 다음의 여덟 가지가 막강해서 이른바 막장(莫掌) 팔대 권법이라 불린다

1. 멱살권(覓殺拳)

몽돌을 쥐듯 손가락을 가볍게 말아서 상대의 촌충과 비중 사이를 겨누는 권법이다 창졸간에 안쪽을 파고들기 때문에 적을 기습하기에 좋으나, 근접전에서 상대가 같은 멱살권으로 응수할 경우 대응하기 어렵다는 약점이 있다

2. 수지권(手指拳)

탄지공(彈指功)의 일종으로 검지만으로 먼 곳의 적을 쓰러뜨리는 비기다 수지권을 실행할 때에는 온몸에 어린(魚鱗)이 돋는데, 비어(蜚漁)의 비늘이다 자

신의 몸을 감추고 상대를 공격할 수 있는 암기여서 전문 살수들이 많이 익혔다

3. 저작권(詛嚼拳)

수지권과 비슷한 효과를 갖고 있으나, 그 힘은 수지권의 몇 배에 이른다 단전 아래 소문(所聞)에서 끌어올린 기가 척추를 지나 하악(下顎)에 이르면 상악(上顎)과의 마찰에 의해 증폭되는데, 능히 상대의 근육을 끊고 뼈를 부순다

4. 채발권(採髮拳)

규방권(閨房拳)의 하나로 아녀자들이 힘써 배운다 밧줄을 당기는 자세로 회오리를 만들어 상대의 성문과 백회를 공격하는 권법이다 이 권법에 걸리면 지하

철 문에 머리카락이 낀 여자의 꼴이 되어, 혼과 백을 동시에 건사하기가 어렵다

5. 통침권(痛針拳)

상대를 기습할 때 쓰는 암기 가운데 으뜸이 통침권이다 합장한 자세에서 이어 붙인 검지를 빼고는 주먹으로 바꾼 다음, 손끝에서 하완골까지를 일자로 만들어 적의 장강을 직격한다 그 고통이 대침에 찔린 것 같다고 하여 이 이름이 붙었다

6. 간질권(癎疾拳)

유권(柔拳)으로는 간질권만 한 게 없다 손을 뱀처럼 부드럽게 만든 후에 공격하는 상대의 실루엣을 타고 넘는 권법이다 공격을 받은 자는 온몸의 경혈에서

기가 뿜어져 나와 쓰러지는데, 그 모습이 간질을 앓는 자와 흡사하다고 전해진다

7. 두락권(頭樂拳)

서양의 권법인 내술(來術, Wrestling)에서 유래했으며 손으로 덫을 만들어 상대의 머리를 잡아채는 권법이다 여기에 걸리면 지극히 혼미해지기 때문에, 살아서 극락에 다녀온다고 해서 이런 이름이 생겼다 혹은 정신을 놓아버린다는 뜻을 가진 해두락권(解頭樂拳)의 준말이라고도 한다

8. 빙하권(氷下拳)

화상권(火上拳)이 양기를 극대화한 기술이라면 빙하권은 음기를 극대화한 기술이다 만년한철로 변한

양손을 처음엔 수평으로, 다음엔 수직으로 뻗고 내려 적의 슬안, 잠룡, 야광을 순식간에 얼려버리는 권법이다 서양에도 비슷한 기술이 있는데, 이를 아이스케키라고 부른다

* 촌충은 목젖 바로 옆, 비중은 바로 아래, 단전은 배꼽 아래, 성문과 백회는 정수리, 장강은 항문 부위, 슬안은 무릎, 잠룡은 허벅다리 안쪽, 야광은 사타구니의 급소.

소문들
— 진법(陣法)

본래 진법은 논변과 같은 것이다 삼군(三軍)을 놀려 적진을 무너뜨리는 진법은 세 치 혀를 놀려 상대를 무너뜨리는 논전(論戰)의 기술이기도 하다 여기 새로이 개발한 진법을 소개해둔다

1. 개무시진(開武示陣)

허허실실의 진이 개무시진이다 팔문금쇄진에는 휴(休) 생(生) 상(傷) 두(杜) 경(景) 사(死) 경(驚) 개(開)라는 여덟 출구가 있다 이 가운데 개문으로 적을 유인한 후에 도륙하는 진이 개무시진이다 적군이 이 진에 빠지면 압도적인 무력 앞에서 출구를 찾지 못하고 바닥없는 절망에 이르게 된다

2. 묘탁번진(妙卓番陣)

양익이 나서면 학익진이고 중군이 앞서면 추형진이다 묘탁번진은 이 두 진을 합쳐 적을 포위하는 동시에 돌파하는 진이다 이 진을 위해서는 일사불란한 지휘 체계가 관건이므로 전장에서 잔뼈가 굵은 고참병들을 활용해야 한다 혹자는 탁번을 학번(虐番: 교대로 학살함)이라고도 부른다

3. 후다마진(後多馬陣)

보병으로 일자진을 펴고, 그 뒤에 기병을 숨겨 아군의 진 깊숙이 들어온 적을 섬멸하는 진이다 후방에 말들이 많다 하여 이 이름이 붙었다 혹은 패주하는 적들을 끝까지 추격할 수 있어서 이렇게 부른다고도 한다 이 진에 걸리면 거의가 전멸하게 되어 있어서 재기하기가 어렵다

4. 비우순진(飛羽殉陣)

기러기가 날개를 편 모양으로 돌격하는 진을 안행진이라 한다 비우순진은 이를 극단적으로 전개한 것으로, 양익의 끝에 별동대를 두어 적을 감싸 안고 후방부터 무너뜨리는 진법이다 아무리 강력한 진이라도 우그러뜨릴 수 있다는 장점이 있으나, 별동대의 피해가 크다는 단점이 있다

5. 단죽진(斷竹陣)

쐐기 모양의 추형진은 강력한 기동력을 앞세워 적진을 파죽지세(破竹之勢)로 돌파하는 진이다 단죽진은 세로로 쪼개 오는 파죽진을 맞아 가로로 맞서는 방어진이다 움푹 파인 진의 모습이 해오라기와 같다 하여 단청진(斷鶄陳), 선봉을 먼저 깨부수므로 단전진(斷前陳)이라고도 부른다

6. 말돌려진(靺突旅陣)

기마민족인 말갈과 돌궐의 진법에서 따왔다 500명을 한 대(隊)로 삼는 군제를 여(旅)라 하는데, 기병으로 이루어진 여로 둥근 방원진을 이루고 이를 물고기 비늘처럼 연속해서 전개하는 진이다 무서운 속도로 적진을 공략하므로 아무리 원거리에 있는 적이라도 순식간에 파괴할 수 있다

소문들
— 전술(戰術)

적과 싸우기 전에는 다음과 같은 전술이 있다

사신을 보내 적에게 조공을 바치는 것을 배알(拜謁)이라 하고, 친선의 의미로 인질을 바치는 것을 부아(附我)라 한다 배알과 부아는 적의 환심을 사두는 효과가 있으나, 지나치면 아군의 사기가 뒤틀리거나 끓어오르니 조심해야 한다

적과 싸울 때에는 다음과 같은 전술이 있다

변방과 수도를 잇는 봉화대를 순서대로 기습하여 적의 연락 체계를 끊는 것은 새침(塞侵)이고, 세작을 통해 유언비어를 유포하여 적의 사기를 끊는 것은 몽니(蒙泥)다 둘을 활용하면 적의 수족을 떼거나 아군이 원하는 대로 적을 부릴 수 있다

유군을 이용해 적을 유인한 뒤에 사방에서 공격하여 섬멸하는 법을 엄살(掩殺)이라 하고, 적의 심장부로 곧장 들어가 지휘부를 붕괴시킨 후에 바깥을 흩뜨리는 법을 유난(遊亂)이라 한다 둘 다 적을 휘저음으로써 떨게 하는 방법이다

섭섭(涉涉)은 기병을 이용하여 적의 밀집 대형을 횡단하여 깨부수는 진이며, 어이(禦移)는 방어벽을 적의 이동에 맞추어 변형함으로써 빈틈을 메우는 진이다 섭섭이 있으면 적의 진형이 혼돈에 빠지고 어이가 없으면 아군의 진형이 혼란해진다

 복병을 숨겨 적의 병참과 지원을 끊는 것이 은결(隱抉)이요, 궁병으로 하여금 원거리에서 활을 쏘게 하여 적의 접근을 차단하는 것이 질겁(疾怯)이다 은결에 들면 적의 내부에서부터 분열이 생기고 질겁에 빠지면 적은 접근할 생각조차 못하게 된다

 전쟁이 끝난 후에는 다음과 같은 전술이 있다

 적의 잔당을 소탕하는 것이 잔망(屛亡)이요, 다시 적이 일어나지 않도록 곳곳에 경계를 세워두는 것이 계면(戒面)이다 잔망을 떨어내지 않거나 계면이 적으면 적이 반드시 다시 일어나니 주의해야 한다

소문들
— 성좌(星座)

　빅뱅 이후 별들이 무서운 속도로 이동하고 있다는 거 아시죠? 그래서 별자리들도 바뀌죠 새로 자리 잡은 황도십이궁을 소개해드립니다 지금 하늘에서 으뜸가는 별자리는 예전에 오리온자리였던 **삼성**입니다 혹자는 이를 삼대로 잘못 읽기도 하는데, 나란히 빛나는 세 별을 일가족이라 여기기 때문입니다 먼 바다에 나간 장사치들이 이 별들을 보고 갈 곳을 정한답니다 대여섯 개씩 무더기로 모인 별들이 있으니 동쪽의 자리를 **워커힐**, 서쪽의 자리를 **하얏트**라 부릅니다 바람난 연인들, 벽안의 관광객들, 몰려다니기 좋아하는 정치인들이 두 별자리 아래 언덕에 모여 경쟁하기를 좋아합니다 중국에서 건너온 별자리가 **자금성**인데요, 전국에 체인점이 있는 유명한 식당의 트레이드마크로 쓰이고 있죠 별자리 모양을 닮은 더부룩한 음식들이 지천입니다 늦둥이들의 별자리는 **대성**이라고 합니다 대기만성의 준말이죠 크게 될 이들의 별이긴 하지만, 이 별들을 섬기면 재수 내지 삼수는 기본입니다 아, **북두칠성**은 아직 남아 있습니다 예전에 임금의 별이었다면 지금은 양아치의 별로 전락했다는 게 차이점이죠 그들은 북두의 정기를 이어받아 제 몸에 별을 새기곤 하죠 남쪽의 칠성은 따로이 **롯데**라고 합니다 맹물에 트림하는 약을 넣어 팔아서 떼돈을 벌었다는 전설적인 장사꾼 이름에서 유래했답니다 지금은 빛을 많이 잃었으나 아직도 아랫동네에서는 쳐주는 별자리가 **육사**입니다 이곳의 정기를 타고나면 머리가 벗겨지거나 보통 사람이 되지만 힘은 무지 세지거든요 약육강식을 좌우명으로 삼은 자들이 섬기는 별자리입니다 스무 개 안팎의 별들이 일렬로 늘어선 자리가 있으니 이를 **스무자평**이라 부릅니다 그런데 뒤로 갈수록 점점 어두워져서 눈 밝은 이는 이 가운데 다섯 개를 보고, 어두운 이는 한 개밖에 못 본다고 합니다 별점을 치는 자들은 죄다 이곳 출신이라는 말이 있습니다 기복을 좋아하는 종교 집단이 섬기는 별자리는 **통성**입니다 넓은 마룻바닥에 모여 앉아 이 별을 찾으며 고래고래 떠드는 게 이들의 예식이지요 철거와 토목공사를 좋아하는 이들의 별이 **금성**입니다 사실 금성은 행성이니까 별이 아니지만, 워낙 밝아서 (혹자는 이들이 그냥 무식해서라고도 합니다만) 별자리로 착각한 것이지요 여기저기 끼어들어서 다른 자리를 어지럽히는 이 별의 운행을 그들은 하는 일 없이 끌어당긴다 하여 적수공권의 중력, 줄여서 공권력이라 부릅니다 마지막으로 이름 없는 이들의 별자리가 **방성**인데요, 어떤 이는 이를 방성대곡의 준말이라고도 하고 다른 이는 시일야방성대곡의 준말이라고도 합니다 아무리 크게 눈을 떠도 지금 세상에서는 보이지 않는 오등성, 육등성 들의 별자리죠 짐작하셨겠지만 그들의 숨죽인 눈물이 **유성**입니다 유성우가 쏟아지는, 지금은 별이 빛나는 밤입니다

언제 새어 나갔는지 혹은 새어 들어왔는지 도무지 알 수도 없고 알 리도 없으니

  냉장고의 유혹은 음식이 아니라 영상 2도짜리 냄새에 있다 가장과 드잡이를 놓는 저 힘은 무릇 사타구니를 벅벅 긁은 손으로 부리는 완력이다 가장이 자주 문을 여는 것도 저 민짜의 페로몬 탓이다 수박과 자반과 배추를 한데 넣고 갈아 만든 칵테일, 가장이야 괜히 얼굴을 찡그릴 테지만 사실은 원 샷 후의 추임새에 불과하다 가장의 배로 흘러드는 세월의 물살에는 그런 아우성들의 수위가 있다 물만 마셔도 살이 찐다는 투정은 그 유혹을 따기 위한 열쇠어인 셈, 번제(燔祭)보다 무서운 게 그렇게 흘려보내는 관제(灌祭)다 번제는 길길이 뛰며 질투라도 하지 언제 새어 나갔는지 혹은 새어 들어왔는지 도무지 알 수도 없고 알 리도 없으니 마치 죽은 줄 알았던 사람이 죽었다는 소식이 들려올 때처럼

소파의 기하학

물 아래 몽돌처럼 그는 흐릿했지
소파의 한쪽 스프링이 망가졌으므로
그의 엉덩이가 내 엉덩이에게 말을 건네네
모르는 새에 돌을 가져다 놓는 물의 손길처럼
엉덩이에게도 사대주의는 있다네
굽실거리는 저 굴곡은 데카르트적이어서
우리를 기하학적 질문으로 이끈다
기울기란 무엇인가?
차이 나는 중심이 만들어낸
쌍곡선이란 무엇인가?
질문이 다듬어낸 우리의 정신은 결국,
없고
고장 난 스프링처럼 우리는 다정하고
누워 있는 소파처럼 우리는 부드럽지
참다 못한 누군가가 지수함수처럼 일어나
문을 쾅 닫으며 나갈 때까지
이끼 낀 몽돌이나 어루만지며
그냥 돌멩이나 물속에 던져 넣으며

심장은 통통배처럼

췌장 근처에 다도해가 있어서
거기를 랑게르한스섬이라 한답니다
백만 개나 되는 섬들이 출렁이며
혈당이 스며든 저녁 바다를 지킨답니다
참 기특하기도 해요, 고기 반 물 반이라면
어떻게 알고 물이 들고 나는지
소갈증이라면 또 어찌 알고
복령과 작약과 맥문동 따위가 피는지
그 연유가 참 두근두근해요
심장은 통통배처럼
한 번도 멈추지 않고 옆에를 지나가고요
누가 그쪽을 기웃거리면
한 근쯤 얹어서 파도가 높아지니깐
그래서 두 근 반 세 근 반이라면
그 반 근씩은 어디서 떼어 와야 하는지
그것 참 신기해요

오늘의 운세 1

장마가 와서는 갈 생각이 없으니 이민이 최선이다
쥐띠, 오늘이 볕 든 날이니 마음껏 누려라
금전 관계로 구설수 있으나 채무자에게 변고 있겠다
ㅈ, ㅇ 성씨 철재 석재를 다루면 재미를 보겠다
소띠, 아파트 윗집 아이들이 발을 동동 구르니
횡재수 있겠다 부동산에 투자하라
범띠, 해수욕을 하러 갔다가 쓰나미를 만난 격이다
차를 지인에게 빌려주면 사고를 면하겠다 ㄱ, ㄷ
성씨
떠내려오는 돼지가 운명이니 세 살 연상을 찾아라
토끼띠, 불법 동영상과 음주 단속을 조심하라
경찰과 진한 연분 있으니 팔자에도 없는 닭장에서
자겠다
용띠, 승천은 했는데 구슬이 없는 격이로구나
사람들이 뱀으로 생각하니 정체성의 위기를 겪겠다
뱀띠, 옆에 있는 그 사람이 인연이니 일단
쓰러뜨리고 볼 것, 단 오른쪽인지 왼쪽인지를 신중
히 판단하라

말띠, 구추상강 낙엽귀근에 하늘은 높고 말은 살찌니
고지혈증이 오겠다 물가에 어두운 그림자가 떠 있구나

양띠, 관귀가 길을 지키니 출행이 어렵다
보증을 섰다가 패가망신할 수 있으니 주의할 것

원숭이띠, 청산의 소나무와 잣나무는 절개를 지키나
조삼모사와는 아무 상관없으니 알아서 하라

닭띠, 먼저 횃대에 오르면 목이 돌아간다
그래도 새벽은 올 테니 끓는 물에 들어가겠구나

개띠, 연못의 물고기가 바다에 나갔으니
소금물에 비늘이 다 터진다 ㄴ, ㅎ 성씨 뒤에 오는 귀인에게
모함을 당할 수니 사면이 초가라, 뜻밖의 겁살 있겠다

돼지띠, 그냥 떠내려가다가 아까의 범을 만나면 된다
관재와 손재가 먹구름처럼 두터우니
쓸쓸이 쓸쓸을 불러 모은다 해도 이 쓰레기들을
다 치울 수는 없으리라

오늘의 운세 2

장마가 끝난 후에 가을 황사가 오니
세차 쿠폰 쓸 일이 없겠다
물병자리, 출렁이는 건 다 술이니 주색을 멀리하라
간을 챙기지 않으면 초상집에 다녀올 때 망자가 따라붙겠다
물고기자리, 좌정관천이 분수이므로 큰물을 생각지 마라
물이 많으면 그물도 크니 물 바깥이 번작이껵야라,
한쪽을 그슬린 후에 반대쪽으로 뒤집힐 것이다
양자리, 천랑성이 그 방향에 들었으니
전전반측하는 날이 많겠다 촌지는 5만 원권이 아니면 사양하라
황소자리, 만 리 밖에 경사가 있어 30개월 이전에
물 건너오는 어린것들이 있겠다 천붕우출이라,
하늘이 무너져도 소가 나올 곳은 여기임을 명심하라
쌍둥이자리, 밥 한 그릇을 놓고 형제가 다투는 형국이니
선산을 지키기 어렵겠다

집 안에 도둑이 있으니 들보 위를 조심하라
게자리, 모래사장에 집을 지은 격이니
게가 구럭에 들었구나 사방이 막혔으니 팔불출이 따로 없다
사자자리, 한번 크게 포효하니 이웃이 신고한다
맹수를 그렸더니 비루먹은 개가 되었구나
처녀자리, 기다리던 이는 유학 가고
5년 만에 시집갔더니 그이가 유학에서 돌아왔네,
삼경에 기러기 떼는 울며 어디로 날아가는가
천칭자리, 친구의 여자를 만날 운세이니
군대 간 친구에게 면회 갈 일이 있으면 빠지지 마라
전갈자리, 우레는 백 리를 가나 형체가 없고
가재는 게 편이나 전갈은 옆에 없으니
오늘은 어디에서 몸을 누일꼬
사수자리, 술이 못에 가득하고 고기가 나무에 걸렸으니
비만과 당뇨를 조심하라 그림의 떡에서도 향기는 난다

염소자리, 수많은 파지를 먹어댔으니 구설이 두렵다
홍염살이 있으니 침 묻지 않게 조심하라
황사가 그치고 나면 돼지풀이 지천이니
쓸쓸이 쓸려가고 나서도 기침 눈물 코막힘은 여전하리라

집으로 가는 길

    고어 영화도 아닌데, 이 골목길은 널린 순대를 생각나게 한다 그러니까 이 길에서 나는 반쯤 소화된 거다 융모에 여러 번 얼굴을 비볐는지 눈 코 입이 한쪽으로 쏠리기도 했다 직선이야 전봇대가 흠모할 뿐, 비탈은 자꾸 오른쪽으로 간다 그러니 넘어지지 않으려 몸을 왼편에 두는 게지 입안에서 오래 굴린 사탕처럼 소심해져서 골목길은 제가 되먹이는 소리에도 화들짝 놀란다 움푹 떠낸 어둠은 선지에도 이 길에도 있다 혹은 취기가 이 길과 포개어져서 갈 봄 여름 없이 미궁을 만들기도 한다 집으로 가는데도 여전히 집으로 가는 그런 길이 있다 겨우 돌아가 이를 닦으면 불쑥 욕지기가 치밀어 오르는, 만취한 칫솔이 집게손가락이라도 된다는 듯이

사생활의 역사

역류성식도염이란 잘못 들어온 밀물 같아서
온갖 쓰레기를 입안에 부려놓습니다
밟힌 적도 없이 꿈틀한 건
혈관이 지렁이를 닮아서입니다
몽니와 몽리 사이에서 말없이 바뀐 그녀의
전화번호는 빨리 달아나는 짐승입니다
처녀자리와 천칭자리 사이에서
잘못 반올림한 달〔月〕이기도 합니다
독재자를 닮은 독재자 앞에서는
요추의 4번과 5번 사이가 늘 문제입니다
설치류가 부러운 건 이빨이 아니라 다산 때문이죠
바글바글하게 까놓은 새끼들이
국회위원들처럼 우글우글합니다
그녀의 자동응답은 보이스피싱이어서
내 주민번호는 나보다 먼저 국경을 넘어갑니다
어떤 비는 급하게 갈긴 오줌발 모양으로 옵니다
전봇대도 아닌데 우리는 민족자결주의처럼
어리둥절하게 서 있었습니다 이를테면

안감에 말아 넣은 게 다 편지는 아니죠
다리아랫소리는 다리 아래에 놓아두고
우리가 잡은 손은 서로를 손잡이로 만듭니다
컵에 꽂아둔 칫솔처럼 하얗게 물때가 앉아서
우리는 천천히 밀물 속으로 들어갑니다
물속에 문이 있다는 듯 벌컥, 하면서
음주 다음 날 그렇듯 벌컥벌컥, 하면서

네거리의 불가지론

건널목을 첫 경험이라 부를 수 있을까
이를 닦다 불쑥 치미는 욕지기처럼
넘어오는 행인 가운데 아는 얼굴이 있을까
이 땅이 부용국(附庸國)임을 모르는
늙은 개들만 함부로 건너오다 2차원이 되지
납작해진 두 발과 평평해진 내장을
무심한 바퀴가 피안에 건네주지
번뇌에 사로잡힌 사람을 유루(有漏)라 불러요
누전이거나 누수가 있는 곳, 그곳이 차안이야
이를테면 욕을 하며 물을 끼얹으며
핏자국을 벅벅 닦아내는
저 청소부는 네거리의 외연을 넓히는 중이지
하나는 내가 온 길, 둘은 내가 선택할 길
그리고 나머지 하나가 그 사람이 올 길인데
그게 어느 쪽인지 모르겠어
지금은 비보호좌회전이야, 시대가 그래
왼쪽으로 틀어도 좋지만 그건 불법이지
고개를 따라 도는 몸처럼 신호는 서서히 바뀌고

이쪽 건널목은 처음이 아니야,
내 말 무슨 뜻인지, 이해해?
목적한 곳에 도달하는 걸 득달(得達)이라 불러요
나는 득달같아서, 거의 이르렀어
기억해줘, 거의야 거의
네거리는 골목과 골목을 숨긴다 마침내
눕기 위해 나는 집으로
그 아래 눕기 위해 그는 건널목으로

가정요리대백과
— 숟가락

1

크림소스 스파게티 먹을 때 숟가락은 참 공손해요 머리채 꼬나 쥔 남편 아래서 머리 감다가 휘둘린 아내 같아요

수전증이 있으면 소용돌이를 못 그린다고 해요 손에 바이브레이터를 달았거든요 그런데 저이는 어쩌면 저렇게 잘 말까요?

숟가락은 오목거울이어서 면을 먹다가 남편은 물구나무를 섰습니다 로프 반동처럼 아내의 등을 떠밀었겠죠?

토마토소스 스파게티처럼 코피가 터지는 아내, 셋을 세기 전에 숟가락을 탁, 소리 나게 놓고 집을 나섭니다

2

남편은 밥을 비빌 때처럼 제 숟가락을 흔듭니다 제백사(除百事)라, 비비대기치는 그 하나를 위해서

저이는 참기름 대신 땀을 흘려요 저건 고추장으로 위장한 음악입니다 남편은 속이 쓰려요 누룽지를 긁다가 솥에 구멍이 났습니다

자기 밥통을 소화시키는 밥통이라니요? 아는 거라곤 운명 교향곡 첫 소절뿐이어서, 남편은 제 그릇이 어찌 될지 알 수가 없습니다

고사리처럼 진이 빠진 아내도 그릇 밖에서 표고처럼 늙어갑니다 십시일반은 꿈도 꾸지 않습니다 하물며 도라지라니요?

3

혼자 밥 먹을 때 숟가락은 모종삽이 됩니다

가정요리대백과
― 그릇

1

노파의 기억이 순두부처럼 풀어지자 아들은 뚝배기만큼이나 오래 열을 냅니다 아들의 발음은 콩과 식물들을 부르는 거 같습니다

콩팥칠팔, 콩켸팥켸, 뭐 그런 소리들이요 아스팔트는 뜨겁고 평발은 길을 담을 수 없고 노파는 제 영혼을 담을 수 없습니다

아들은 노파가 처음 치마에 지린 오줌 냄새를 기억합니다 식탁보에 흘린 보리차로만 생각했는데요 순두부 속의 계란처럼,

사실은 왈칵 터진 게 있었거든요 그건 눈물이었다가 채변봉투였다가 마침내 삶은 콩과 흘린 팥이 되었습니다

2

삶은 메밀이 되어 노파는 아들의 늑골에 걸렸습니다 아들은 체를 흔들듯 찬물을 붓고 탈탈, 털었겠지요?

양지바른 곳에 나앉아 있기를 좋아하는 노파의 머리는 이미 양지머리입니다 여기는 추억이 육수보다 진한 곳입니다

노파는 거듭해서 눈을 비빕니다 아들이 식가위로 성큼성큼 잘라버렸거든요 이제 아들은 한 달에 한 번만 옵니다

냉면 속 계란은 순두부 때와는 달리 이미 굳어 있습니다 눈물은 말랐고 채변봉투는 이미 제출했거든요

3

아시다시피 순두부를 체에 담을 수는 없습니다

가정요리대백과
— 밥상

1

너는 누구를 닮아 그 모양이냐는 소리를 들을 때마다 첫째는 발끈합니다 생각 같아서는 이놈의 집구석을 그냥, 확,

부드럽게 삶아서 찬물에 헹구어 건진 다음 간장, 설탕, 참기름을 넣어서 조물조물 비비고 싶습니다만

그건 당면 얘기고요 첫째는 제가 소금물에 데친 시금치라는 걸 압니다 둘째는 아직 뻣뻣해서 당근, 셋째는 너무 어려서 계란 지단이죠

밥상은 얌전하고 일가는 단란합니다 깨소금으로 마무리되었거든요 그런데 잡채는 금방 쉬는 게 참 문제는 문제예요

2

 첫째도 그렇지만 엄마는 둘째가 더 걱정입니다 아빠를 닮은 게 분명하거든요 이 집 가장은 혼자서만 빛이 납니다

 60촉은 되겠네요 유전 때문에 아빠는 오이처럼 민숭민숭하다가 미역처럼 풀이 죽었다가 스트레스가 이만저만이 아닙니다

 사람들은 둘째와 아빠의 머리를 교대로 보면서 한여름 시원한 냉국을 들이킵니다 그놈, 아빠를 꼭 닮았어, 그러면서요

 둘째가 비뚤어지겠다고 마음먹는 것도 당연하겠지요? 하지만 거기에도 깨소금은 들어갑니다 냉국도 금방인 게 문제예요

3

아이더러 엄마가 좋아, 아빠가 좋아?
라고 제발 묻지 마세요
그건 밥상을 엎은 다음의 질문입니다

제2부
야생동물 보호구역

적어도 한 번은 우리가 만났다
― 야생동물 보호구역 1

심야의 고속버스 앞유리는 평면도로 펼쳐놓은
로드킬이다
시속 100킬로로 나방과 사슴벌레, 하루살이 등속을
던져서 그린 액션페인팅이다
적어도 한 번은 우리가 만났다는 거다
네가 온다면 반드시 내가
마중 나가겠다는 거다

첫사랑
── 야생동물 보호구역 2

1

파라과이의 사막에 사는 풍선개구리(*Lepidobatrachus laevis*)는 쓰고 버린 개집이나 퍼질러놓은 똥처럼 생겼다 짧은 우기가 왔을 때 물을 빨아들이기 위해서다 미안하지만 버려진 것은 눈물을 삼켜도 버려진 것이다 생리나 설사를 기록해둔 첫날밤이란 없다 그는 가끔 뒷발로 서서 몸을 부풀리며 소리를 지른다 변심한 애인의 집을 찾아가…… 운운하는 주인공을 따라하는 것이다 미안하지만 그것은 운명극이 아니라 풍선 터뜨리기 놀이다 한번 터진 풍선은 다시는 터지지 않는다

2

슬로베니아의 동굴도룡뇽(*Proteus anguinus*)은 오천만 년 전 대륙이 갈라질 때 북미에 사는 다른 도롱

농과 헤어졌다 이제는 눈도 잃고 피부색도 잃고 차가운 물에서 아주 조금만 먹으며 산다 아무도 보지 않으니 걸칠 옷도 없다 그의 속살은 아프다기보다 무섭다 그에게는 방귀도 신물도 제행무상(諸行無常)도 없고 소문도 곁눈질도 호접몽도 없다 그것은 비애극이 아니라 무성영화다 다른 도룡뇽들은 오천만 년 전에 그와 헤어졌다는 것을 잊었고 이제는 그를 잊었다는 사실마저 잊었다

노인들
── 야생동물 보호구역 3

1

심해는 춥고 뻑뻑하고 캄캄하다 바늘방석아귀(*Neoceratias spinifer*)는 여러 달을 꼼짝 않고 누워서는 누군가의 기척을 기다린다 아귀들은 뼈와 근육이 약하다 옆 지느러미는 짧고 뭉툭해서 안을 수 없고 입은 크고 가시가 돋아 무엇이든 걸리게 되어 있으니 포옹이 포식인 삶도 있다 혼자 사는 건 대개 암컷이다 수컷은 암컷을 만나면 먼저 물고 그다음에 파고든다 몸속에 자리를 잡으면 암컷의 피를 빨아 먹고 산다 그러니까, 그게, 서방인지 남방인지 걸인 하나 들어왔다고

2

독거가 있다면 취로사업도 있다 나무수염아귀(*Linophryne arborifera*)는 빛을 내는 나뭇가지를 몸

앞에 달았다 그러니까 그가 지나간 곳이면 어디든 길이 난다 수심 3,500미터에서, 발광하는 연둣빛 앞에서 아귀의 피부와 주름을 얘기하는 건 번문욕례다 가만 보면 그 등은 신행길을 밝히는 청사초롱 같기도 하다 춥고 뻑뻑하고 조용한 심해에서 그는 환한 묵음이다 어린 경찰이 호루라기를 불어도 무단횡단하는 노파가 들을 리 없다 그러니까, 어서어서, 서방인지 남방인지 찾아가야 한다고

입맞춤
— 야생동물 보호구역 4

1

나미브 사막의 웰위치아 미라빌리스(*Welwitschia mirabilis*)는 혀뿌리 같은 밑동에서 달랑 두 장의 잎을 내는데 잎 하나의 길이가 9미터에 이른다 가닥가닥 헤진 누비이불 같고 먼지 앉고 찢어진 리본 조각 같은데, 자기들끼리 엉겨서 1,500년을 산다 대서양에서 밀려오는 안개를 받아먹기 위해 그렇게 길어진 거다 비가 오지 않아도 간절한 잎은 서로의 침샘을 찾아간다 '함께'라는 말의 어원에는 혼자가 있다 너덜너덜해진 잎 끝은 1,500년 동안 닳아서 없어진다 너무 오래도록 그는 제 자신을 탐한 것이다

2

네 영혼의 후반부는 '용서'라는 말로 채워진다 용서가, 용서를, 용서와, 용서는…… 틸란드시아 라티

폴리아(*Tillandsia latifolia*)는 버림받은 얼굴로 아칠 거리며 아타카마 사막을 굴러다닌다 침샘을 놓친 후에 뿌리마저 버린 것이다 공처럼 둥글게 생겨서 구르다 서로 만나도 잎을 낼 수가 없다 용서가 용서를, 용서와 용서는…… 서로를 용서할 수가 없다 공 속에는 뻣뻣하고 쫄깃한 잎이 들어서 태평양에서 넘어오는 안개를 기다린다 결가부좌도 연좌도 없는 삶이므로 그 영혼의 전반부에 관해서는 알려진 바가 없다

질투
— 야생동물 보호구역 5

1

인더스강돌고래(*Platanista gangetica minor*)는 눈을 잃었다
탁류가 보지 못하는 것과 보기 싫은 것을 섞어 날랐다
그래도 빛을 쬐면 움찔하는 걸 보면 눈을 감았다는 게 옳지만
격류 때문에 어차피 잠을 자기는 틀렸다
한쪽 지느러미를 바닥에 대고 다른 지느러미로 헤엄치면서
그는 시계반대방향으로 돈다―회상이란 그런 것이다
불면으로 흙탕 속을 뒹굴면서 그는 초음파를 쏘아댄다
상대방이 들을 리 없는, 그래서 답변 없는 메아리를 기다리는 것이다

2

갠지스 강에 사는 아시아큰연갑자라(*Pelochelys cantori*)는
무두질한 가죽처럼 펑퍼짐하다 식욕이 몸매를 놓아 버린 것이다
주름 많은 목과 귀두를 닮은 머리가 성욕을 대신한다면
돼지의 것과 똑같이 생긴 코는 시궁창을 더듬던
바쁜 일과를 보여준다 강물은 때로 태우다 만
시체를 떠내려 보낸다—회상이란 그런 것이다
그을린 얼굴을 편육처럼 뜯어 먹으며 그는 냄새나는 골방에서 산다
짐작하는 바와 같이 그는 누렇게 뜬 피부와 연한 살결을 가졌다

나무인간 1

 그는 목석과 같다고 할 때의 그 나무인간, 말초(末梢)에 생선이 달리기 전까지는 누구도 그에게 연고권을 주장할 수 없지 잘 때에도 제 몸을 긴 목곽에 넣어두니 어떻게 비린내를 밀봉할 수 있겠니 기어이 합장을 꿈꾼다면 그는 잔뿌리를 끊으며 돌아누울지도 모른다 그래도 목생화(木生火), 수생목(水生木)이니 고래고래 말초신경을 내거나 물관을 빨대처럼 아래쪽에 박아둘 때, 저 반인반수는 신의 영역에 근접했던 거다 가위를 삼킨 성자들이 서 있는 거리가 있고 인면을 하고 수심에 찬 이들이 배회하는 골목이 있다 자, 어느 쪽으로 갈 것이냐 누구도 피하지 못하는 수수께끼다

나무인간 2

 방금 골목길을 돌아 나온 목피(木皮)를 보았다 유모차에 폐지를 싣고 가는 저 할머니, 나무가 되어가는 손으로 나무아기를 거두신다 칭얼대던 2009년생 경향신문이 금세 얌전해진다 나무족(族)들의 하루가 시작이다 햇빛의 삼투압은 여전해서 얼굴을 쓰다듬으면 혈관 있던 자리에서 펄떡이는 물관이 만져진다 옹이 같은 입은 걸친 게 없어서 깊고 다정한 소리를 낸다 버섯은 생목에서만 자라는 법, 검버섯들을 덕지덕지 붙인 채 양지바른 곳으로 뿌리를 옮기는 데 75년이 걸렸구나 그래도 차들 무서운 줄은 알아서 할머니, 길을 건널 때만 엉금썰썰이다

사춘기
── 야생동물 보호구역 6

인디애나 주의 단풍나무들은 17년마다 나이테를 부쩍 키운다 17년매미(*Magicicada septendecem*)가 타고 오를 수 있도록 허리와 배에 힘을 주는 것이다

이제 다 큰 매미들이 졸업식 날 교복을 찢은 아이들마냥
새빨갛게 몰려나온다

줄무늬다람쥐가 탈자를 골라내듯 매미들을 먹어치워도
포식한 새들이 나는 걸 포기해도
매미들은 아랑곳하지 않는다

5월은 푸르구나, 다 자란 매미들은
수컷만 폭주족이다
매미의 발음근은 소음기를 뗀 오토바이여서
인디애나 주를
미시시피 강까지 떠메고 갈 기세다

환골은 없이 탈태만 하는 그 어린것들을 위해
17년 동안 나무는 수액을 내었다
매미는 나무에 안겨 어른이 되고 사랑을 나누고
그리고 죽는다 열흘 동안의 청춘,
그다음은 없다

1조 마리가 한꺼번에 비료가 되었으므로 나무들은
17년마다 나이테를 부쩍 늘인다 어린것들 대신에 나이를 먹었으므로 뱃살이 좀 붙는 것이다

마다가스카르가 떠다닌다

아파트처럼 외로워졌을 때 어머니는 아파트를 잃었다

그 집은 오래도록 골다공증과 협착증을 키워왔다

마다가스카르는 9,000만 년 전에 인도와 헤어졌고

1억 6,500만 년 전에는 아프리카와 갈라섰다

추간판 하나를 떼어내자 대륙이 찢어지며

탕가니카, 말라위, 빅토리아 호가 생겨났다

호수들은 마다가스카르가 두고 온 체액이기도 하다

바오바브나무, 여우원숭이, 텐렉, 잘못 선 보증이

죄다 어머니 슬하다 마다가스카르가 떠다닌다

밀월(蜜月)

　새카맣게 나는 벌들도 알고 보면 갈 길만 간다 종례 끝난 아이들처럼 와와 흩어져서는 정해진 벌통으로 간다 가방 속에서 찰랑거리던 숟가락처럼 더듬더듬 간다

　가서는, 사방에 꽃이 있다고, 팔자 춤을 춘다 나이별로 달라질 아이들의 재롱이 이 집의 양식이다 혼인 비행에 나선 여왕벌은 한 번 나들이에서 일생 몫의 정자를 다 받고 이후로는 내내 산통(産痛)이다

　밀어(蜜語)들의 아파트에 갇혀서, 가끔 허기를 못 지우면 제가 낳은 알을 제가 집어 먹기도 하면서, 여왕벌은 대가족들의 가화만사성(家和萬事成)을 짓는 것이다

기다림
— 야생동물 보호구역 7

1

가시복어(*Diodon holocanthus*)는 뚱뚱한 물 풍선이 되고 싶어서 온몸의 뼈들을 다 버렸다 남은 건 등뼈뿐이어서 평소에 그는 작은 몽둥이다 그러다가 누가 건드리면 헛물을 들이켜고 또 들이켠다 바닷물이 김칫국도 아닌데, 밥 말아 먹을 일도 없이, 그는 거푸 마셔댄다

아무도 보지 않는 종주먹이란 보건체조 같은 것이다 그가 품은 독은 쌓이고 쌓인 슬픔이어서 그 앞에서는 온몸이 얼어붙지만, 잘 씻어 익히면 밥 없이도 한 끼 식사로 그만이다

2

개복치(*Mola mola*)는 다듬다 만 생선처럼 생겼다

자라면서 부레와 꼬리지느러미를 음식물 쓰레기통에 버렸다 (도대체 칼질을 하다 말고 그이는 어디로 간 것일까?) 덩치는 산만 한데 온몸이 머리여서, 그는 한 번 들이대기 위해서 꼬리 아래를 버린 것 같다

  열 명 가운데 그이가 있다면 나는 열한 명을 센다 열 명과 그이, 이렇게 열하나다 그 하나가 개복치라면, 저 큰 얼굴이 습유(拾遺)라면 우리는 얼마나 어렵게 반명함판 사진들을 내다 버려야 하는 것이냐

고백
— 야생동물 보호구역 8

1

당신의 혀끝에는 누설이라는 짐승이 산다 이 짐승의 다른 이름은 시모토아 엑시구아(*Cymothoa exigua*)다 물고기의 입안에 들어가 혀를 먹어치운 뒤에 제 스스로 혀 노릇을 하는 갑각류의 일종이다 속에서 꿈틀대거나 찜부럭을 부리는 게 있다면 이 짐승을 의심해보아야 한다 그럴 수밖에 없는 것이라면 그래야 한다 긴불긴간에 혀를 잘못 놀린 죄란 없다 그것은 말더듬의 기원이기도 하다 잘 다독이거나 어루만져주지 않으면,

짐승은 당신에게서 나와서
그이에게로 갈 것이다

2

  수심 1,200미터 아래에 배배 꼬인 혀가 있으니, 이를 먹장어(*Eptatretus burgeri*)라 한다 혀에는 지느러미도 턱도 등뼈도 없다 그저 온몸이 근육이고 이빨이다 먹장어는 다른 물고기의 몸속으로 들어가서는 뼈만 남기고 파먹는다 당신을 착취하는 어떤 내면(內面)이 있다 사랑한다고, 돈 좀 꿔달라고 사랑한다고, 재떨이 좀 가져오라고…… 누가 다가오면 그 혀는 점액질을 분비한다 세상에서 제일 강한 본드다

  빠져나올 수 없다면
  그가 당신에게 침을 발라놓은 것이다

버려짐
— 야생동물 보호구역 9

1

 운명에 팔복(八福)이 있다면 팔자에는 팔고(八苦)가 있다 그를 만난 게 전자라면 그와 헤어진 건 후자다 텍사스뿔도마뱀(*Phrynosoma cornutum*)은 천적이 다가오면 꼼짝 않고 있다가 눈에서 피를 쏟는다 심하면 제 몸의 4분의 1까지 내다 버린다 난 이미 아프니까 건드리지 말라는 거다 네가 오면 피눈물이 아니라 순도 100프로 선지를 흘리며 울겠다는 거다 불쌍한 자해공갈단이지만 그렇다고 해서 지나가는 차바퀴들이 속도를 줄이지는 않는다

2

 이불 속에서도 열불은 난다 폼페이벌레(*Alvinella pompejana*)는 수심 3,000미터의 열수분출구 옆에서 산다 유황과 중금속을 뒤집어쓰고, 펄펄 끓는 물에

담겨, 칠흑 어둠 속에서, 엄청난 압력을 견디며 산다 제가 무량수불도 아닌데, 이불 밑에 불가마를 깔아놓고 평생을 부다듯하겠다는 거다 네가 올 때까지 나오지 않겠다는 거다 시어머니가 자리보전하고 누웠다고 해서 분가한 아들이 돌아오지는 않는다 그는 며느리와 명절날에만 온다

바이칼
— 야생동물 보호구역 10

1

바이칼은 신의 존재 증명이다 시베리아를 건너온 신이 제 성질을 이기지 못해서 최고 깊이 1,637미터, 길이 636킬로미터에 달하는 손톱자국을 남겼다 "아이, 추워. 신경질 나." 거기에 336개의 강이 흘러들어, 세상에 있는 민물의 5분의 1을 끌어다 채웠다 그러니 바이칼은 눈물이나 땀과 같은 종류의 소금물이 아니다 그것이 신이 보시기에 좋았다

2

바닷길이 막히자 바이칼은 큰 어항이 되었다 신은 세상에서 하나밖에 없는 민물바다표범인 네르파를 거기에 넣어두고는, 골로미양카라는 물고기를 먹이로 주었다 골로미양카는 몸의 3분의 1이 기름이어서, 깊은 물속에서도 살 수 있지만 물 밖에 나오면 녹아버

린다 마가린을 물에 말아 먹는 네르파의 재롱이란! 그것이 신이 보시기에 좋았다

3

　1920년 2월 어느 날, 혁명 러시아에 반기를 들었다가, 패해서 대탈주에 나선 마지막 25만 민중이 바이칼 위에서 얼어 죽었다 손가락은 제가 만질 수 있는 것을 편애한다 신은 25만 개의 얼음 인형을 바이칼에 세워두고 쓰다듬어보았다 그중에는 출산 중인 부인도 있었다 봄이 되자, 25만 1개의 인형이 바이칼에 잠겼다 그것이 신이 보시기에 좋았다

4

　상층운(上層雲)을 위턱구름이라고도 부른다 바이

칼의 일망무제는 무엇보다도 신이 보시기에 좋았다 저 위에서 턱을 괴고 물끄러미 내려다보는 신, 어떻게 보면 바이칼은 길게 벗어 던진 인조 속눈썹 같기도 하다 저 고비늙은 눈을 뜨는 데 3,000만 년이 걸렸으니, 다시 눈을 감았다 뜨는 동안 어쩌면 우리는 떼어낸 눈곱처럼 사라지리라

외전 십이지(外傳 十二支)

1. 코끼리

덩치 전체가 살점으로 이루어진 짐승이 첫째 자리에 놓인다 기쁨과 눈물을 모두 여물 밥과 바꾼 것이다 저 덩치를 깎아내면 배꼽티를 입은 여자가 나올 수도 있겠지만, 비스킷을 낚아채는 저 코야말로 살의 유혹이다 그리로 콧물과 식수와 초목이 지나간다 혹자는 이 짐승과 짐승의 코를 큰 슬픔과 작은 슬픔의 상형이라고도 말한다

2. 두꺼비

이 짐승은 가장(家長)들의 토템이다 우툴두툴한 등은 토막 난 가계(家計)를 닮았고 터무니없이 짧은 목은 부장(部長)의 호통 앞에서 진화한 결과다 혹은 물을 술로 바꾸는 영험이 있어서 밑 빠진 독을 받쳐주었다는 옛이야기도 전한다 가장이 실직하거나 보험

든 것도 없이 덜컥 암에 걸렸을 때 세간에서는 두꺼비, 돌에 치였다고 이른다

  3. 낙타

 낙타(駱駝)는 곱사등이〔駝〕다 같은 짐승으로 타조(駝鳥)가 있으나 인자한 표정으로는 낙타가 으뜸이다 사막에만 출몰하는 짐승이나 최근에는 콘크리트로 지은 사막이 늘어나 서식지를 넓혔다 속눈썹이 두 줄이고 귀에 털이 나 있으며 물 없이 버틸 수 있어서 장님 3년 귀머거리 3년 벙어리 3년을 견뎌야 하는 며느리들이 첫머리에 섬긴다

  4. 곰

 미련한 자들의 대표로 곰을 치지만 미련한 자들은

정작 아무 짐승도 편애하지 않는다 곰 창(槍) 날 받듯 한다는 말이 있으나 자진하는 곰이 보고된 바는 없다 나무에도 잘 오르고 땅도 잘 파고 헤엄도 잘 쳐서 재주는 곰이 부린다고들 하지만 곰은 정작 사기를 당했을 뿐이다 겨울잠 자고 일어났더니 누가 쓸개를 빼갔더라 하는 식이다

5. 오리

이룰 수 없는 사랑의 한쪽 증인이 오리다 예로부터 오리와 닭을 한데 묶는 쑥덕거림이 있어 왔다 오리해 탄 것 같다고 했으니 오리가 닭의 일을 대신한 것이고, 닭 잡아먹고 오리발이라 했으니 둘이 생사를 같이한 것이다 암탉이 오리알 낳고도 할 말이 있다 했으니 서로 동침한 사이가 아닌가? 그 죄가 사무쳐 지옥 불에 떨어진 오리를 유황오리라 부른다

6. 개미핥기

개미핥기는 중남미산이다 외국인 노동자, 동유럽 영어 학원 강사, 베트남 처녀들이 이 짐승을 으뜸으로 친다 관처럼 생긴 주둥이 속에 긴 혀가 들어서, 개미집 속의 개미를 핥아 먹는다 개미 꽁지에서 나온 포름산은 시큼하고 톡 쏘는 맛이 난다 신산(辛酸)함이란 무릇 달달함이니, 개미 똥구멍을 빨지 않은 자와 인생을 논하지 말라는 격언이 여기서 나왔다

7. 제비

제비는 강남에 무리 지어 서식하면서, 삐끼 짭새〔雜鳥〕화사(花蛇) 등과 비슷한 생태 지위를 누리는 짐승이다 인기가 좋아서 특별히 사랑받는 개체가 되는 일을 제비뽑기라 하는데, 여기에 한번 뽑히면 평생 연미복만 입고 살게 된다 장안의 남녀들이 이를 선망

하여 떼로 몰려드니, 제비는 작아도 강남을 간다는 속담이 뜻하는 바가 이것이다

  8. 악어

  물가에서 움직이는 건 다 잡아먹는 짐승이 악어다 제 식성을 한탄하여 먹이를 삼키며 우는 일이 왕왕 있는데, 이를 악어의 눈물이라 한다 그 고결함을 사랑하여, 귀부인과 골퍼들이 즐겨 자신의 토템으로 삼았다 악어 사는 못의 물고기가 싱싱하다는 말은, 이 짐승이 자신의 횟감을 얼마나 극진히 대하는지를 보여준다 귀부인들이 어린 남자를 볼 때도 그렇다

  9. 늑대

  개는 늑대에서 나왔으나 짖고 늑대는 개를 낳았으

나 운다 그 장탄식을 듣는다면 양의 탈을 쓴 늑대 따위가 얼토당토않은 묘사임을 알게 될 것이다 개는 꼬리를 치지만 늑대는 꼬리를 만다 그 겸손을 본다면 시랑(豺狼)과 신랑을 혼동하는 일 따위는 없을 것이다 이 짐승을 섬기는 무리가 있어 매달 보름에 계 모임을 갖는데, 세간에서 이들을 늑대인간이라 부른다

10. 고양이

  사이코들, 매일 일기를 쓰는 자들, 거울 보기를 좋아하는 자들이 이 짐승을 섬긴다 점잖게 부뚜막에 올라도 손가락질을 받고 자주 얼굴을 닦아도 고양이 세수라 하여 욕을 먹는다 귀여운 얼굴에 세모눈이라, 인상도 그렇다 쥐를 좋아하지만 정작 쥐를 생각하면 겉과 속이 다른 짐승이라 비웃음을 당하니, 아 삶은 곤고하고 소문은 무성하도다

11. 사슴

병자, 노약자, 임산부가 섬긴다 이들은 이 짐승이 다니는 길을 서성거리며 어쩌다 흘린 뿔 한 조각이라도 얻고자 애를 쓴다 뛰는 사슴 보고 얻은 토끼 잃는다는 말은 사슴의 귀함이 토끼의 천함과 비교할 수 없다는 뜻이요, 사슴을 일러 말이라 하는 것은 사슴은 귀하고 말은 흔해서 착각하기 쉽다는 뜻이다 치병, 노환, 산통의 곤함이 그와 같다

12. 딱따구리

마지막 자리는 악처, 선생, 놓아기른 아이, 약장수, 행보관, 굴착기 기사의 수호 짐승이 차지한다 앞산에 딱따구리는 없는 구멍도 뚫는데 집에 있는 멍텅구리는 있는 구멍도 못 찾는다고 마누라가 한탄하면, 가장은 이명과 편두통에 다시 두꺼비를 찾는 것이다 그

러면 누가 옆에서 훈계하고 아이들은 밥 달라 울고 다시 약을 찾고……

그렇게 한 갑자(甲子)가 돌아가니, 이를 윤회라 한다

제3부
드라마

별사(別辭)

  향랑각시야, 이가 없으면 잇몸이지만 잇몸이 없으면 사태지만 채석장처럼 든든하게 파먹은 천화(遷化)의 끝에서 향랑각시야, 내게서 빠르게 몸을 감춘 각시야 순식간에 지나가는 의태부사야 구르는 돌이 바꾸는 그림자거나 나뭇잎 사이로 얼비친 햇살처럼 경사와 각도가 만든 전사물론(前事勿論), 혹은 재게 발을 놀리며 행탁(行橐)도 꽃신도 없이 사라진 이열종대야 나는 의족처럼 서툰 호모 속, 체절도 관절도 턱이 없어서 겹눈으로도 잡을 수 없는 초서체야 엎질러진 글씨야 위아래가 바뀐 음영의 날들, 쥐오줌처럼 졸아든 날들을 뒤로한 채 외척도 항렬도 없이 가버린 향랑각시야, 속거천리야

  * 향랑각시 속거천리(香娘閣氏 速去千里): 음력 2월 1일에 백지에 먹으로 써서, 기둥이나 서까래에 거꾸로 붙이는 부적의 이름. 향랑각시는 노래기를 이르는 말.

귓속의 알리바이

내 속의 귀지는 네가 오래 다녀가지 않았다는 거야
너와 식사한 지도 사실은 오래여서
이렇게 귓밥인 거야 산자밥풀이
너와 나 사이에 뿌려진 거라 생각해
이곳은 해발로도 도척으로도 측정할 수 없는 궁지야
네가 들어와 누웠다면 귀청을 내주었을 거야
그렇기만 하다면, 네가
이현령비현령 흔들리며 나를 따라왔을 텐데
가슴 주위에 유선(乳腺)이 흩어진 유대류처럼
비릿하게 너를 담을 수도 있었을 텐데
네가 오지 않아서 여기는 묻혀 있는 황진(黃塵)이야
끝내 오지 않아서 아니 땐 굴뚝이야
좁고 가는 구멍 속에서
이렇게 없는 검댕을 나는 흉내 내는 거야

또 다른 고백

 무슨 선형동물이나 되는 듯이 입안에서 꼼지락거리는 것이 있었습니다 오래전 지층처럼 하악(下顎)이 벌어졌습니다만, 알다시피 무척추동물은 화석이 되기 어렵지요 진흙이나 자갈을 부어 입구를 막은 것은 아니라 해도 저 습곡 안에 사는 동물은 소심한 것이 분명합니다 아니라면 동굴 생물처럼 맹목이어서 들숨과 날숨 사이에 숨어 안팎을 가늠하고 있겠지요 아무래도 횡격막 위쪽에는 사연의 저장고가 있고 우기가 지나간 다음에는 창고 대방출이 필요한 고백기(告白期) 같은 것이 있나 봅니다 그것도 아니라면 자웅동체인 저 동물, 스스로 얽혀 무슨 입맞춤이라도 흉내 내려는 것인지요

나는 전설이다
— 드라마 1

 김(金)의 눈이 표면장력으로 둥글어질 때 내게는 그릇이 없었다 흰개미 떼가 줄지어 옆집으로 이사 갔다 더 파먹을 기둥이 남지 않았던 건가? 동쪽이 기우뚱했다 각(角) 항(亢) 저(氐) 방(房) 심(心) 미(尾) 기(箕)의 하늘*이 한순간에 쓸려 내려갔다

 나의 하루는 어머니가 켜놓은 치정극에서 시작된다 치받고[角] 조이고[亢] 근심하고[氐] 가두고[房] 동그래지고[心] 흘레붙고[尾] 결국에는 쓰레기가 되는[箕] 하늘들, 김(金)이 마침내 두 눈을 쏟았다 아 시끄러워요, 거 제발 좀! 나는 소리를 질렀다

 조심조심 깨진 그릇을 비질하듯 이(李)의 손이 배를 쓰다듬었다 복수의 끝에서 이(李)는 가업을 물려받게 된다 나는 이(李)의 손길 아래서는 조용한 길짐승, 도로를 지나는 트럭이 난폭하게 플롯을 결딴낼 때까지 나의 이야기는 계속된다

이심전심이다 심심할 때면 꼭 전화벨이 울린다 그러면 정(鄭)은 왼쪽 45도, 전방 15도 각도로 얼굴을 들고 나를 쳐다본다 정(鄭)은 이대를 나왔다 마지막 패는 서향(西向)이다 규(奎) 루(婁) 위(胃) 묘(昴) 필(畢) 자(觜) 삼(參)의 하늘**이 붉게 충혈된다

주말 연속극을 보고 나서야 어머니는 잠자리에 든다 엉기적거리며 걷고〔奎〕 성글고〔婁〕 멍청하고〔胃〕 좀스럽고〔昴〕 옥죄고〔畢〕 뾰족하고〔觜〕 엉망으로 뒤섞인〔參〕 하늘들, 정들면 거기가 무덤이다 자리를 펴고 나는 김과 이와 정을 묻었다 산파술이 그 언덕을 넘을 수는 없었다

  * 이십팔수(二十八宿)의 동쪽 하늘.
 ** 이십팔수의 서쪽 하늘.

순수의 시대
— 드라마 2

 가정법에 기댄 오후는 둥글다 그녀가 돌아온다면 이 땅은 어땠을까? 사촌의 그린벨트가 해제되자 곽(郭)은 마침내 등을 말았다 원하는 것과는 다른 벼락이 쳤고 수목이 뽑혔고 늦가을 바람이 불었다 내감(內感)의 바람은 심히 물질적이어서, 그는 출렁이는 위산을 상속받았다

 진(陳)이 양산을 받쳐 들고 또 다른 곽(郭)의 부지에 내렸다 늦가을 바람에 닭살이 오소소 돋아났다 곽이 자기 몸에 새긴 점자라고 그녀는 생각했다 밤이 되면 털 뽑힌 날개로 그녀는 또 다른 곽의 아래서 파닥일 테지만…… 튀김가루 같은 먼지가 머리 위로 내려앉았다

 곽에서 또 다른 곽으로, 그녀는 삼각형을 내분(內分)했다 그녀와 삼각형은 아무래도 상관없는 이류개념일 뿐이어서 그녀는 초고층으로 올라가는 엘리베이터를 탔다 버튼에도 점자가 새겨져 있다 더듬어서라

도 올라가겠다는 뜻이다 고도(高度)에 어울리는 시집
살이가 그녀를 기다리는 중이다

그린벨트는 익심형 연결어미를 닮았다 수목이 무성
할수록 저택은 복수담을 닮아간다 영락한 곽은 정원
사로 취직하고, 진의 허리 벨트는 나날이 치수를 더
해가고, 어린 곽이 태어나고…… 세 명의 곽 사이에
서, 마침내 진이 닭똥 같은 눈물을 흘리며 정원의 초
목에 기댈 때,

가정법은 완성된다 스피노자는 신의 속성이 연장이
라고 말했다 연장방영의 끝에서 그들은 홍익인간이
될 것이다 삼인칭들의 족보를 완성할 것이다 사생활
의 역사는 이면지에 기록된다 언제든 구겨버릴 수 있
는, 혹은 언제든 채널을 돌릴 수 있는

개와 늑대의 시간
— 드라마 3

시치미는 꼬리표다 졸던 간호사가 시치미를 떼자 류(柳)와 박(朴)은 운명을 맞바꾸었다 신생아는 누구나 똑같다 조그맣고 울고 놔두면 버려진다 어린 개와 어린 늑대처럼

자라면서 류가 이빨을 드러냈다 박의 남자는 장(張), 언덕 위의 작은 집에서 살다가 류의 언덕만 한 집으로 옮겨왔다 박의 직업은 경리였지만 토지가 없었다 류가 박의 초가삼간을 다 불태웠다

박은 A형이었으나 B급의 생활에 만족했다 류에게 부시받아 엉망으로 취할 때마다 장은 빅에게 전화를 건다 일종의 귀소본능이지만 날이 저문 후에 집을 나가 어슬렁거리는 개는 늑대와 구별되지 않는다

클라이맥스는 깨달음이다 박의 친어머니가 사실을 안 뒤에 류와 박은 집을 맞바꾸었다 환상의 뒷면은 환상이다 집에 들어온 늑대는 1만 년이 지난 후에 개

와 근사해진다 장의 앞면이 장이듯,

 장은 고아원 출신이다 어려서 박을 알았다 알고 보니 둘이 이복남매였다는 사실을 판별하는 건 시청률이다 견물생심의 채널을 지나서 살아남으면 배다른 늑대들이 기다리고 있다

 졸던 간호사는 지금도 졸고 있다 세월이 많이 지났다는 얘기다 애국가를 부르기 전에 잠에서 깨어나야 한다 알다시피, 굶주린 애완견 다섯이 노파 하나쯤은 거뜬히 먹어치울 수 있다

예고된 죽음의 기록
— 드라마 4

 양(梁)이 횡격막을 들썩이며 울 때 흉강과 복강 사이에는 막간극이 있었다 결핵과 복수(腹水) 사이, 가출과 출가 사이에서 양은 오(吳)를 만났다 그녀가 한강을 배영으로 건널까 말까 망설일 때 일이다

 오는 거리의 악사, 양을 만나기 전에 기타줄 여섯이 이미 끊어졌다 양이 마지막에 기댄 난간은 오의 늑골이었다 그의 늑골 열두 쌍이 비브라토로 울렸다고 해두자 둘은 한강이 아니라 사랑에 빠지게 된다

 막간극의 앞뒤는 도덕극이다 일곱 가지 대죄가 둘을 괴롭히지만 둘에겐 시간이 많지 않다 양의 아버지 차례다 바르르 떨던 어머니와 사위로 찍어둔 사내는 생략하자 이루 말할 수 없는…… 필설이란 그런 것이다

 장인의 배려로 연 콘서트에서 오는 재기하게 된다 하지만 광고도 막간도 본편을 대신하지는 못했다 그

녀의 미래는 푸르지도 않고 이 편한 세상도 아니다 그녀에겐 시한이 있다 9시 뉴스가 그녀를 기다리고 있다

기침이 잦아들고 우루사가 힘을 냈다 해도 결론은 백혈병이다 양의 핏줄 속으로 백혈구들이 박수 소리처럼 몰려든다 누렇게 뜬 얼굴과 떡 진 머리를 감추기 위해서 배우는 작가와 타협해야 한다

오는 늑골을 하나 잃었다 새하얘진 양이 부장품으로 가져갔기 때문이다 고양된 사랑이 제행무상이란 걸, 우리를 기다리는 운명이 당달봉사란 걸 가르쳐주는 수목일의 설법들, 그다음엔 대하 역사가 시작될 것이다

그의 심장은 목덜미 어디쯤에 있었다

언덕 위에는 기나긴 논증처럼 모텔이 서 있었다
고개를 돌렸을 때
그것은 한쪽 눈이 가느다란 빚쟁이로 보였다
구름을 대출하는 자, 선이자를 떼고
강물에 기댄 자, 지류 하나를 끌어다
제 믿음의 보증을 세울 테지만
나는 신품성사(神品聖事)도 회상도 없이
사랑하는 자의 피가 먹고 싶어서*
그 사람을 당뇨 환자로 거기에 세워두었다
설탕에 켜켜이 재워둔 사람이란
인연에 대해 오래 생각하는 사람이거나
쏟아져 얼룩으로 남은 사람일 거라 생각했다
그는 사례의 하나로 불려 나와
다음 증명에서 부정될 테지만 아무것도
추증(追贈)되지는 않을 것이다
나는 사랑하는 자의 심장이 목덜미쯤에서
펄떡이는 소리를 들었다
그의 잠은 태지(胎紙)처럼 얇아서 뒤척이다가

구겨질 거라 생각했다
언덕이 복리이자처럼 부풀어
그가 잠든 곳을 가리고 있었다

* "어찌하야 나는 사랑하는 자의 피가 먹고 싶습니까"(서정주, 「웅계(雄鷄) 하」).

강변 여인숙 1

꼭 강변이 아니라도 강변 여인숙은 있다
세상 모든 물결이 밀리고 밀리다 얼룩을 남긴 곳
몇 장의 휴지가 물안개처럼 흘러가는 곳
타는 가슴이 흘린 김치 국물 같아서
미리 가서 엎질러진 몸이여
동그랗게 타버린 비닐 장판에 대보는 손바닥이여
강변 여인숙은 장회소설(章回小說)과 같아서
결을 잘라버린 기와 승과 전이 바글거린다
"자 그러면 무슨 일이 있을지
다음을 기다려보기로 하자"* 그것이
강변 여인숙의 마음이다
곱다란 손가락으로 낸 바람구멍이다
한번 서기 위해 평생을 걸어온 두 발이 있고
한번 눕기 위해 오래 치켜든 목이 있으니
느릿느릿 무너지며 일생을 요약하는
한 사람의 허리선과 누설한 온기를 받아내는 곳이라면
비닐을 씌운 이불처럼 버석거리는 잠과

플라스틱 물컵에 고인 조바심이 필요하다면
꼭 강변이 아니라도 강변 여인숙은 있다

* 장회소설의 매회 결구.

강변 여인숙 2

수면이 햇빛에 몸을 열어
파경(破鏡)으로 변할 때
산지사방 가출한 마음들이
돌아와 눕는 곳,
거기가 강변 여인숙이다
엎드려 자고 일어나서
입가에 묻은 침을 스윽 닦아내듯
수면이 시치미 떼고
제 몸을 미장하는 곳,
다 바람이 왔다 간 사이의 일이다
깨진 거울들을 나누어 주는
저 박리다매(薄利多賣)가 다 무엇이냐
우리는 거울 뒤편에서
화장을 고치거나 옷을 갈아입는다
그러다 문득
바람이 문을 열어젖힐 때
무슨 벽화처럼이나 그 뒤에 묻혀
발굴되고 싶은

에덴의 동쪽
— 드라마 5

 최(崔)는 두 개의 인생을 살았다 중앙선을 넘어온 트럭이 그를 횡단한 후에 이전 최의 인생은 납작해졌다 김밥처럼 검고 둥근 차바퀴가 그의 몸을 거듭해서 말아갔다

 최의 목숨이 낙원에서 애면글면 망설일 때에, 지나가던 조(趙)가 그를 주워서 펴주었다 최의 기억은 김발처럼 가늘게 토막이 났다 거기 붙은 밥알처럼 어떤 얼굴이 떠오르기도 했으나,

 그 얼굴이 한(韓)임을 알 도리가 없었다 도리란 그런 것이 아니겠는가, 아무리 애타게 불러도 최는 이미 강을 건넌 것이다 터진 김밥처럼 한의 얼굴은 그에게서 새어 나간 것이다

 한은 백방으로 최를 찾아다녔으나 도로에 그치고 말았다 그러던 어느 날, 도로를 벗어난 그녀는 대상균처럼 쏟아져 내린 폭설에 길을 잃고, 지나가던 최

에게 구원을 받게 된다

 한이 최를 올려다보았을 때, 조의 남편인 그가 있었다 김밥이 쉬어터질 때의 심정이 이랬을 것이다 이걸 어떻게 만들었는데! 아직 그이와 소풍 가기도 전인데!

 순정이라면 최의 상태는 치매 환자와 비슷해진다 전생과 이생을, 낙원의 서쪽과 동쪽을 왕복하는 것이다 도로에 눕고 싶은 남자들을 어루만지며, 살아봤더니 그냥 그렇더라, 달래는 것이다

 그런데 그게 치정이라면 얘기는 복잡해진다 트럭은 뺑소니였고 사주는 조가 했으며 최는 가출했고 한에게는 동행이 있었더라는…… 일단 저지르면, 출가와 가출을 혼동하면, 그에겐

 어마어마한 소송이 뒤따라온다 서류를 가득 실은

트럭이 중앙선을 넘어온다 엎질러진 대장균처럼 돌이킬 수 없게 된다 그때가 되면 얘기는 상투적인 문장이나 상한 김밥 한두 줄로는, 결코 끝나지 않는다

분노의 포도
— 드라마 6

 주(朱)와 강(姜)은 호형호제하는 사이였다 한 잎새 아래 모여 있는 포도알들마냥 한 지붕 아래서 두 가족이 종주먹처럼 살았다 작은 부엌을 사이에 두고 왼쪽이 주, 오른쪽이 강이었다 아니, 반대였던가?

 둘은 동고동락했다 문제는 동거동락이라는 오자(誤字), 취기는 본래 좌우를 가리지 못한다 술에서 깬 강 옆에는 사우디에 가 있던 주의 마누라가 누워 있었다 엎질러진 포도주였다

 배반이 낭자하다의 그 배반이 아니었던 거다 아이는 작은 주(朱)가 되었다 아버지와 아저씨가 이름과 방을 바꾸었던 셈이다 호형호제를 잘하면 호부호형을 못 한다 아니, 호가호위였던가?

 어느 날, 주의 마누라가 아이의 진짜 생일을 말했다 포도주가 아니라 샴페인을, 그것도 너무 일찍 터뜨렸던 거다 귀국 날짜를 세어본 주가 옆방으로 쳐들

어가 술틀을 밟듯 강의 알을 터뜨려버렸다

　오인의 구조란 그런 거다 피와 술은 물보다 진하지만, 취기와 혈통이 합치면 혈중 알코올 농도를 높일 뿐이다 강은 예상치 못한 손님 때문에 제 두 손을 함빡 적시고 말았다 호왈백만이라, 제 것을 들고 울부짖으며

　포도와 분노의 공통점은 너무 익으면, 그렇게, 터진다는 것이다

소오강호
— 드라마 7

 몸이 허공에 뜬 후에야 윤(尹)은 도를 알았다 첫번째 걸음에 고장 난 브레이크와 생명보험의 관계를, 두번째 걸음에 자기 앞에 어동육서, 좌포우혜를 펼칠 안(安)의 심모원려를,

 그리고 마지막 걸음에 조강지처인 자기 대신에 들어설 현모양처의 어렴풋한 윤곽을 알았다 윤은 허공답보의 초식을 깨쳤으나 그것을 시전하기에는 시간이 너무 없었다

 구사일생이란 꼭, 반드시, 살아난다는 뜻이다 주화입마를 극복하고 천신만고와 전신성형을 거쳐서 윤은 돌아왔다 님이라는 글자에 점 하나를 찍어서 남이 된 여자가 여기에 있으니, 이것이 남비 근성이다

 윤은 환영대법을 펼쳤다 태양혈에 찍어둔 점 하나로 순식간에 안의 기를 빨아들였다 뜨거운 차 한잔 마실 시간에 벌어진 일이었다 미혼산 없이도 안의 혼

은 공사장의 비산 먼지였다

 금강불괴는 다진 고기가 되었고 만년한철은 녹은 봄눈이 되었다 안의 몸과 마음 얘기다 남이라는 글자에서 점 하나를 지워 님이 된 남자가 여기에 있으니, 이것이 님비 현상이다

 안이 현모양처를 버리고 조강지처에게 돌아온 그날 밤, 윤은 안의 귀에 대고 전음입밀의 수법으로 속삭였다 꿈에서 깨면 너는 날개 잘린 나비가 되어 있을 거야, 거기 잘린 장자보다는 낫잖아? 안 그래?

 윤이 안과 동귀어진 하려는 순간, 만년인형설삼을 닮은 아이 하나가 들어온다 엄마 없는 하늘 아래가 거기다 때아닌 경극이지만, 윤의 단전에는 뜨겁게 치미는 게 있다 물론 안의 눈에서도

 만천화우와 행운유수는 암기와 독수지만 엔딩 신으

로도 상관은 없다 꽃비 아래서 윤과 안과 아이는 가부좌를 틀고 앉아 염화미소를 짓는다 남비와 님비 사이에서, 다들 비위도 좋다 참 좋다

슬픈 일

 갈비에서 살을 발라내는 여자의 손은 축성(祝聖)하는 그 손만 같습니다 털썩, 하고 떨어지는 살들이야말로 제대로 놓아버린 거 아닙니까 뼈와 힘줄 사이를 가위가 지나갈 때, 우리는 골다공증과 인연과 젓가락의 관계를 생각합니다 집착을 버리면 발밑이 바로 숯불 지옥이어서 단백질은 입으로 가고 칼슘은 개에게 갑니다 부지런한 손과 입을 잇는 식욕에도 숭고란 이름을 붙여야 합니다 시커멓게 쌓여가는 저 더미가 위암이나 위엄과 다르지 않아서입니다 그렇다면 우리는 쓰렁쓰렁해도 군말이 없어야 한다고, 오물거리다 뱉은 입술 두 점으로 겨우 말합니다 저 힘센 팔목의 채근만이 다만 거룩하고 조금 슬픈 일입니다

반죽 이야기

1

비닐 장판은 내가 밀가루 반죽인 줄 아는 모양이다 무심코 디딘 맨발을 붙잡고는 놓아주지 않는다* 오랜 세월 머리가 생각한 대로 몸을 갖췄으니, 이제는 좀 두루뭉수리로 빚자는 심산이다 하지만 생각에 무슨 생각이 있겠나? 소금에 절인 배추처럼, 누군가 머리를 들어 올리면 발끝의 모세혈관까지 투두둑, 끊어지며 딸려가는 거지

2

나는 그를 삼키고는 다시 열리지 않는 한 봉투를 생각하고 있었다 식구들이 자꾸 소금을 뿌려 그를 불멸로 만들려고 했지만 어떤 삼투압으로도 완성할 수 없는 공수래공수거가 있다 염(念)으로 가득 찬 봉투에 담겨 그는 습해졌다 그 안에서 그는 반죽으로 돌

아갈 것이다 생각이 물컹해진다면 바로 다음 차례라고, 비닐 장판이 나를 치대는 거다

   3

  수타에도 이런 수타가 없다 이쪽을 누르면 저쪽이 비어져 나온다 절여진 배추에서처럼, 흘러나오는 소금물은 식구들이 훔치겠지만 그전에 그는 돌아갈 데가 있다 누군가 그를 포기째로 보쌈해 갔으니 어느 장판 위엔가 부려놓겠지 이건 숫제 물리자는 심산이다 저 봉투, 다시 열리면 아기를 닮은 작은 덩어리가 되어 나올 것이다

  * "눅눅한 비닐 장판에 발바닥이 쩍, 하고 달라붙었다가 떨어진다": 장기하와 얼굴들, 「싸구려 커피」에서.

와중(渦中)

  식도를 타고 그가 들어올 때 물들이 내는 가느다란 신음 소리를 들었다 내 안을 흘러가는 수요일은 누설(漏泄)이었다 십이지장쯤에서 한 번 맴돌다가, 모든 격벽에 일일이 지문을 찍으며 그는 아래로 내려갔다 근원의 물은 지하수여서 거울을 필요로 하지 않는다 뿌리에 맺힌 목요일에는 아무 상대가 없었으므로 그는 방문을 닫아걸었다 등차수열처럼 그의 음영이 창가에 머물다 갔지만 침닉(沈溺)을 수위로 읽는 짓 따위는 하지 않았다 금요일은 반쯤 헐벗은 단견(袒肩)처럼 기울어져 있었다 그의 팔꿈치에도 머물다 간 회오리바람의 흔적은 있다 거기서 영혼은 고개를 돌렸다 단 한 번 뒤돌아보다가 거처를 잃었다 토요일, 안식일에 땔감을 모은 사람을 진영 밖으로 끌고 나가 돌로 쳐 죽였다* 길이 광야였으므로 지팡이를 꽂을 데가 없었다 나는 죽었느냐, 살았느냐? 강박증자가 물었다 나는 남자인가요, 여자인가요? 히스테리 환자가 되물었다 공들여 일했으므로 일요일은 내내 숨 쉬는 걸로만 보냈다 허파꽈리가 풍선처럼 부풀어 올랐다 거기에 넣을 말을 고르기 위해 나는 은어들의 긴 목록을 뒤적였다 하지만 고백이란 일종의 구멍이어서, 모든 말은 시계 방향으로 하수구를 빠져나갔다 술부(述部)를 삼킨 그가 긴 기지개 끝에 눈물을 조금 흘렸다 혼돈의 물은 바닷물이어서 웃음보다는 악연에 가깝다 월요일은 앙칼지고 모진 반월도를 닮았다 몸을 바로 세우지 못하는 노인에게는 똑바로 눕는 순간이 죽음이다 문을 벽으로 삼고서 그는 안에서 노크를 했다 여기는 방이 아니라 관이니, 숙소는 딴 데서 알아보시오 몸 안에 숨은 치질처럼 그는 소심했다 그가 격벽에 묻힌 흔적이 모두 시계였다 일주일 만에 그는 노인이 되어 있었다 와중을 와병 중의 준말로 잘못 읽었다 미지근한 대류처럼 천천히 화요일이 왔다

* 레위기 24장 16절.

우로보로스를 생각함

1967~1979

그 골목은 긴 식도였다 화살표를 따라가면 출발한 그 자리였다 시멘트 벽에 경어체로 욕설을 적었다 성모가 아니면 창녀들이 출몰하던 사랑스러운 히스테리 극장, 나를 떠받쳐주던 것은 내 뒤의 대둔근뿐이었다 씰룩이는 뒤쪽 얼굴도 일종의 연동(蠕動)이어서, 골목을 나오면 다른 골목이었다 화살은 내가 먹었다 그림자가 따라다니며 하루 종일 나를 상연했다

1980~1989

모자를 썼다 벗었다 할 때마다 아버지는 다른 표정을 지었다 마침내 급하게 좌회전을 했을 때 그분은 내게 화를 낸 것이겠지만…… 진동은 여러 개의 얼굴을 만든다 그 얼굴이 맷돌을 거쳐 온 자의 표정이라고 쓴 적이 있다 눈물이 연마재였음을 깨달은 것은 다른 장, 다른 절에서였다 규조류가 대멸종에서 살아남은 것은 깊이 잠들어서다 내가 잠든 후에 그분이 깨어나길, 꼭 일어나길, 그때…… 나는 소망했다

1990~2002

연사(鉛絲)를 빙빙 돌리면 얼굴들과 집들과 길들이 섞일까? 내 사랑하던 창녀와 경원하던 성모가 옷을 갈아입을까? 집을 잃은 자들이 갓길에서 쓸모없어진 돌들을 던졌다 기둥 같은 자매들……이라고 중얼거리면 기둥들이 나를 향해 기울어졌다 몸살도 살(煞)이어서, 내 안에 넣은 손을 데었다 손으로 해줘요, 기둥들이 내게 속삭였다 내 몸의 무게중심을 기둥에 건네주었다

2002~2007

오른쪽이든 왼쪽이든 핸들은 제자리로 돌아온다 그때마다 뱀들이 출몰했다 꼬리를 먹어버린 뱀이라니…… 흠집 많은 이력서에 몇 줄씩 적어 넣으며, 그것도 경력이라고, 안 보이는 데서 손끝이 떨렸다 바보야, 돌아올 줄 몰랐으니 길을 떠난 기지! 내가 지나친 기둥들은 도대체 몇 그루였을까? 돌이키지 않아

도 내 앞에서는 소실점이 우걱우걱, 풍경을 먹어치우고 있었다 그런데 이 핸들은 어디가 머리일까?

2008~
뒤를 돌아보며 나는 천천히 핸들을 풀었다

숙맥(菽麥)

 승혜야, 막 이가 나기 시작할 때의 느낌으로 너를 부를 수는 없겠지 너는 나의 또 다른 신체발부이니, 우리는 위약(僞藥)처럼 서로를 위로했지 네가 안았던 그 자세가 내가 지나온 척도였으니 어쩌면 너는 구경가마리인 나를 그렇게 말리고 싶었던 걸까 승혜야, 그때 우리는 콩과 보리도 구별 못하던, 그래서 네가 둥글면 나는 까끌까끌했던 곡두들이었을까 가르친사위처럼만 움직이는 너를 내가 웃었을까 곡수(曲水)처럼 휘돌아 나가는 네게 내가 만홀했을까 이제 너는 얇아지고 또 얇아져서 엄지와 검지 사이에 들었지 너의 여섯 날들이 다 끝나가네 눈감아야 할 날들이 다 가오네 나의 승혜야, 돌아올 수 없는 망혜야

　* 승혜(繩鞋), 망혜(芒鞋) : 미투리의 다른 이름.

제4부
불멸의 오랑우탄

허기

 채 소화시키지 못한 주물럭살이 명치에 맺혀 있다 수만 번 꿈틀댄 그 고기를 일러 허기라 한다 혹은 같은 횟수만큼 펄떡인 손의 아귀이기도 하다 자잘한 비누 조각을 모아 넣은 스타킹처럼 저를 지나간 건 무엇이든 녹이고 비비고 짜냈다 제 안에 품은 주름들이 밑줄이다 요컨대 이건 중요한 것이니 반드시 기억할 것, 그래서 하루에도 몇 번씩 안에서 설렁줄을 당기곤 했을 테지 오늘도 으으으, 소리를 내니 저 짐승을 묶은 주둥이가 또 풀린 모양이다

불멸의 오랑우탄

종이와 펜을 쥐여준 다음 무한한 세월이 흐르면
오랑우탄이 햄릿을 쓸 수도 있다*고요? 진리는 우연한 것이므로
옆집 여자의 옷 벗는 시간처럼
머리를 싸매 쥔 그와 마주칠 수도 있다고요?
파지 너머에는 비명횡사한 아버지가 있고
엎지른 커피 물에선
미친 여자가 둥둥 떠내려가기도 한다고요?
조물주는 하급신이어서 저의 근원이 저라고 생각한다고
영지주의자들은 가르칩니다
제 근원이 자신임을 모르는 오랑우탄은
확실히 고수지요 양곤마(兩困馬)도 오궁도화(五宮桃花)도
오랑우탄의 몫은 아니지요
가만히 앉아서 바나나나 까먹는 모습이
불멸의 엠블럼이라면
무릎 사이에 머리를 묻고 죽느냐, 사느냐

중얼거리는 건 예정된 비극이로군요
답은 언제나 전자니까요
죽음이 패를 뒤집을 때까지 게임은 계속되고
오랑우탄의 집필도 계속되지요
햄릿은 죽고 종이는 구겨지고 펜은 부러져도
저 불멸의 짐승은 주름 많은
제 손금을 들여다보고 있겠죠 서쪽에서 귀인이 올 테니
어서 바나나 껍질이나 치워라, 그러면서
서둘러라, 옆집 여자 옷 다 입겠다, 그러면서

* 루이스 페르난도 베리사무, 『보르헤스와 불멸의 오랑우탄』에서.

필멸의 고릴라

팔작지붕 위에서 이데아를 기다렸죠 도움닫기 하는 자세로 버림을 받았죠 지붕이 날아갈까 봐 거기 앉았던 건 아니에요

세탁기는 수평을 잡으려고 저렇게 탈탈거리나요? 허우적대는 아이처럼 수면에 한번 올라오려고 물을 뱉나요?

베란다는 뛰어내리기 위한 장소가 아니죠 신발을 가지런히 벗어 거기에 둔 게 갑자기 남편이 들어와서만은 아니에요

냉장고가 토라진 바위라면 거기서 달걀을 꺼낼 수는 없겠죠 가슴을 두드린다고 다 고릴라는 아니지만, 그렇게 안 한다고

고릴라가 제 자신이 아닌 것도 아니죠 고릴라와 우리의 거리는 오랑우탄과 고릴라의 거리와 같다고 합

니다 오랑우탄이 불멸이라면

저 얼굴 까만 짐승은 더더욱 흙빛이 되어 떨겠죠,
생명보험에 들지 않으면 자식들이 걱정이고 들어두면
아내가 무서워서,

가만 보면 우두커니 가운데는 꼭 원숭이가 있어요

이마가 반질반질한 스님 한 분 앞장을 서고 그 뒤
를 따르는 왁자지껄한 무리들은 모두 벼랑 끝을 향해
걸어갑니다*

* 우두커니란 본래 한옥 지붕 위에 한 줄로 서서 하늘을 바라보는
조각상들을 일컫는다. 잡상이라고도 하며, 앞에서부터 대당사
부(삼장법사), 손행자(손오공), 저팔계, 사화상(사오정), 마화
상, 삼살보살, 이구룡, 천산갑, 이귀박, 나토두라 불린다.

독순술 하는 밤

 신에게 세 번 절하고 눈으로 입술을 더듬어요 목을 자르기 전에 간지럼을 태웠어야죠 한번 크게 웃어주려고

 저 돼지는 몸통을 버린 걸까요?

 급브레이크를 밟았더니 뒤에 둔 모과가 날아와 뒤통수를 칩니다 향기의 종주먹이죠 운전 똑바로 해, 인마!

 삿대질과 산지사방은 친척 간이어서 고춧가루 탄 물을 주변에 둡니다 사방의 신들더러 와서 해장하시라고,

 작은 밥통이 큰 밥통에게, 아들이 아버지에게 울면서 대들어요 이 자식아, 왜 때려? 니가 이러는 걸 느이 애비가 아니?

기막힌 아버지 손이 잠시 멈췄다면 그게 바로 말리는 할아버지의 힘이죠 좨주가 달달 떨며 술잔을 놓칩니다

 최고의 원 샷은 양변기의 몫이죠 트림도 일품이거든요 마침내 인중(人中)을 가로질러 신들이 걸어옵니다

 독순술이란 눈으로 하는 키스거든요 몸통은 신들이 먹고 우리에게는 머리고기가 남습니다

 돼지의 가느다란 눈은 미소 같고 교태 같고 울음 같습니다 새우젓은 아무것도 부연해주지 않아요 묻고 싶은 게 많겠지만,

 아시다시피
 돼지의 멱은 몸통 쪽에 있습니다

노모 1

 먹은 밥과 마신 물은 구절양장으로 가지만 눈물이 가는 길은 그쪽이 아니더라 그늘의 네 귀퉁이를 싸매고 거기에 사금파리를 보탰다 한들 그 물빛을 설명할 수 있을까 수위야 암만암만이지만 속에 자잘한 것들이 모두 조약돌 력(礫)이라, 오래 닳은 즐거움이 있다는 것도 거기서 알았다 연골이란 게 녹아서 눈물이 되어가는 뼈가 아니고 무엇이겠니? 이제는 곳곳이 누수로구나 나는 더 가벼워져야 하겠지 네 아버지는 염색만 하면 아직도 청화(靑花)일 텐데, 나는 울창한 수목에 다 가려진 혼행이겠구나 날 알아나 볼까, 하는 물음표가 족두리하님처럼 조그맣게 달라붙었다 떨어진다 16년을 혼자서 사행(蛇行)했다 나는 몇 년을 더 구불구불 지나가야 하는 걸까

노모 2

 등잔 밑이 어두운 게 노안인데요, 어머니는 마루 불을 아끼려고 밤 열 시가 통성기도 시간입니다 그것은 하도 많이 들었어도 도무지 모르겠는 방언인데요, 케쎄라 마이테라 키테라 바이쎄라…… 경음과 격음들을 무진장 실어 나르는 게 이번엔 하느님께 아마 좀 따질 게 있나 봅니다 한국에서는 제일 큰 고치가 아닐까 싶어요 어머니, 웅크렸다가 허리를 펴면서 날마다 거듭나는데요, 그전에 직계와 방계를 아울러 긴 사설을 엮습니다 분가한 자식들은 혈압 약을 먹고요, 마흔이 넘은 막내아들만 옆방에서 책을 읽다가 눈살을 찌푸리는데요, 그건 다른 게 아니라 등잔 밑이 어두워서거든요 하늘 길을 바라보는 어머니를 하도 많이 닮아서거든요 그다음에야 격양가 소리가 이어집니다 아으 위 증즐가 태평성대……를 부르는 코는 참 크고 장해요 아직 어머니를 땅에 붙잡아두는 등잔 밑 부스럭거림이 아니라면 또 그건 무엇이겠습니까

트렁크처럼 너는 혼자였다

두루마리 휴지를 돌돌 풀어내듯이 너의 형은 네게서 집문서를 빌려갔다

형이 손을 씻으면 네 종잇장들은 하수관을 타고 아래층으로 내려갈 것이다

만일 사과를 좋아했다면 너는 사과 상자가 되었을 거라 했겠지

트렁크를 쾅, 소리 나게 닫으며 너의 형은 부르르 떤다

부동액을 한 모금 삼키고 비상 표지판과 대걸레 사이에서 너는 논다

세사가 여름 이불처럼 덮여 네가 그것들과 구별되지 않을 때까지

트렁크가 구겨질 수는 없으므로 네 얼굴은 교통사고를 흉내 낸다

영문도 모르는 어머니가 다가와 네 이마에 손을 갖다 댄다

흘수선(吃水線) 앞에서

매어둔 뱃머리처럼 숙인 고개를 끄덕이고 있었어
생각이 많다는 건 '말더듬을 흘(吃)' 자처럼 입으로 구걸하는 것
너도 한번 해봐, 율문으로 부탁의 말을 적어봐
기도를 타고 올라오는 기도문들이 다 그렇지만
연통을 내기 위해 뜯어낸 방충망 자리처럼 머릿속이 깨끗해질 거야
아무래도 이번 삶은 버렸어 텅 비었어, 라고 말하며
소금물을 끼얹는 저 조석간만 앞에서
나는 얼굴로 수면을 문대며 왔어 여기가 애통하는 자리는 아니지만
저 수위에는 내가 보탠 게 있어, 라고 대꾸하는 일
운우지정(雲雨之情)이라니, 이부자리가 그렇게 축축해서야 되겠어?
젓가락 장단을 받아내느라 홈이 파인 탁자가
자기도 모르게 흘린 술을 아래로 떨구듯
우리의 배반이 낭자해지듯
설거지할 틈도 없이 행주 잡은 손이 휘휘 저으며

돌려세울 틈도 없이 그래, 출렁이며 더듬으며
너는 흘수선 밖으로 걸어 나간 거야

사물이 거울에 보이는 것보다 가까이 있음
— 멜랑콜리아 1

너에게 가는 길에는 연약지반구간이 있었지 흰 스프레이로 윤곽을 완성하기까지 나는 군기름처럼 슬펐네

사물이 거울에 보이는 것보다 가까이 있을 때, 뒤에서 오던 택시의 범퍼가 내 허리로 밀려들어올 때

나는 몇 번째 추간판을 지나고 있었을까? 마지막 달력을 뜯어낸 다음 텅 빈 여백처럼 나는 깨끗했네

옷을 벗고 엑스레이를 찍고 다시 옷을 입었지 계단은 둥글게 둥글게 노래를 하며 없는 중심을 감아 올라갔네

손을 대면 허리께에 뭉클한 네가 만져졌어 브래지어 자국은 나이테를 흉내 내고 있었네 그래,

중심은 언제나 뭉클했지 따라오던 택시가 순식간에 시야에서 사라지듯, 할증도 합승도 없이 지워지듯 나를 질러갔듯

회전문에 두고 온 손가락 하나
— 멜랑콜리아 2

우울증이 있는 곳에 희망이 있다* 나는 우물의 바닥까지 내려갔다 손바닥을 수면에 대보기 위해서

운전대를 잡으면 너는 오른쪽 얼굴만을 보여준다 왼쪽은 지나가는 자의 몫이다 네 코는 추돌이 만든 주름이다

그녀가 엎질러진 물처럼 울 때, 눈 코 입이 다 쓸려 내려갔을 때, 내게도 몇 점의 울음이 묻어 왔다

회전문을 돌이키려 했던 그는 손가락을 잃었다 손가락은 지금도 빙빙 돌며 사방을 가리킨다 그 너머에,

네가 있었을 것이다 사방에서 나를 부르며 찡그린 물이 흘러들었다 너를 쓰다듬기 위해 나는 천천히 떠올랐다

* "우울증이 있는 곳에 희망이 있다": 정신분석의 경구 가운데 하나.

잎은 소수(素數)로도 돋는다
── 멜랑콜리아 3

그러므로 저 나무의 중구난방은 유일무이하다

새가 앉았다면 그건 지상에 흩뿌려진 편육 같은 것

징그러워서 저렇게 연초록 소름이 돋았다는 것

엇갈려 자라는 손가락처럼

슬픔에는 긴 슬픔도 있고 짧은 슬픔도 있다

　천 개의 입이 거느린 말풍선들은 명도도 채도도 달라서

　새는 그저 풍선 밖으로, 풍선을 터뜨리며 달아날 뿐이다

　어미를 찾아와 단짝의 무심을 이르는

어린아이의 입처럼, 초경처럼, 나무는 실룩이며 잎을 내민다

개가 날아가버렸어요, 이 피 주머니가 터졌어요

모든 발아(發芽)가 파국이므로, 유일무이한 종결이므로

잎은 겨우, 가까스로, 그렇게 독한 것이다

하나와 제 자신으로 나누어져서는

각자 흩어지는 것이다

물로 된 사람
— 멜랑콜리아 4, 고 박찬 시인께

1

아무도 그의 수위(水位)를 짐작하지 못했다
복수(腹水)가 차올랐으나 그저
뚱뚱한 물 풍선이라고 그는 말했다
마침내 그가 엎질러졌을 때 얼룩은 넓었다
지나는 사람들이 그를 묻혀 갔다
가늘고 축축한 길이 사방으로 났다 소금이 말라 반짝거렸다

그는 "사랑해"를 발음하다가, 그 자세 그대로
데스마스크를 이루었다 한다
가장 넓은 바다 하나가 그의 입안에 들었다
그가 남긴 몇몇 섬이 눈곱처럼 떠다녔다
그의 입 모양이 바다의 상형(象形)이었으므로
섬들은 정박할 곳을 찾지 못했다

2

저 갯벌은 바다로 들어간 자의 행로를 보여준다
물속에도 물이 흘러간 길이 있구나
때 낀 얼굴을 눈물이 타고 지나듯
바다를 정화(淨化)하러 소금을 이고 들어간 이가
있다

3

한나라 말에 영양(霝陽) 지방의 태수 사만(史滿)에게 딸이 하나 있었는데, 이 딸이 관부의 한 서좌(書佐)를 짝사랑했다 그를 너무 좋아한 나머지 시비를 시켜 서좌가 세수한 물을 몰래 가져오게 해서는 그 물을 마셨는데, 그만 임신을 해서는 달이 차서 아이를 낳았다 아이가 기어 다니는 나이가 되자, 태수가 아이를 안고 나와서 아이에게 아비를 찾게 했다 아이가 기어가서는 곧장 서좌에게 가서 안기는 것이었다 놀란 서좌가 아이를 밀치자, 아이는 땅에 엎어져 물로 변해버렸다*

*『수신기』에서.

환희라는 이름의 별자리

문 열고 들어온 바람에
담배를 피우던 할머니는 연기가 되어 흩어졌다
먼 데서 타오르는 환희 성좌란
백 원에 스무 개씩 하던 사등성들의 묶음,
떨어진 재를 달무리처럼 두른 채
할머니, 희미하게 빛나곤 했지
검버섯이 보이는 피부야말로
얼굴이 흉내 내는 저녁 하늘이어서
이마의 백발은 지우개가 지나간 흔적이고
미간의 주름은 6B연필로나 따라잡을 수 있지
그 선을 따라가면
도장밥 묻은 얼굴을 만질 것도 같고
천식처럼 피어나는 손끝에 닿을 것도 같은데
문 열고 들어온 바람에
할머니는 연기가 되어 날려갔다
이십팔수(二十八宿) 한구석에 자리한
조수(趙宿)와 무수(戊宿)와 길수(吉宿),
그리고 주변에 둘러선 방년 열일곱의 별들
거기가 환희라는 이름의 별자리다

기록 보관소
── A구역

방명록
내게는 인명 색인으로만 된 책이 한 권 있지
어떤 이는 모자라고 말하고
다른 이는 헐거운 구두라고 말하는 것은
그들이 급히 이곳을 떠났기 때문

The water is wide*
물에도 입술이 있다고 하겠다 모른 척 댔다가 서둘러 뗀 자리가 있다고 말하겠다 뜯어낸 물 위에 떠내려가는 살점이 있다고, 허기가 만들어낸 그림이라고 하겠다 서둘러 쓴 구절들 위로 엎지른 강물이라고 하겠다 너무 넓어서 미처 건널 수 없는, 너무 건너서 돌아올 수도 없는

트렁크
어떤 낙차는 트렁크 던지는 소리가 난다 호기심이 너무 뚱뚱한 탓이다 어미의 생문을 열고 나갈까 말까 망설이는 아이처럼, 두 걸음 뗐을 뿐인데 뒤에서 닫

힌 문처럼, 그 문의 반동처럼 저기, 뒤뚱거리며

계근장을 피해 돌아가는 과적 차량

뒷모습
얼굴을 기댈 수 없다면 그곳이 등이다
기대자마자 서둘러 넘어졌다면 그가 구두끈을 맨 것이다
계란 프라이처럼 그는 뜨거운 곳만 밟았다
이미 익었으므로 새벽닭이 울기는 틀렸다
케이크는 생일이 아니라 제 몸에 꽂은 초의 개수를 기억한다
어수선한 그의 발자국은 촛농들의 몫이다
뚝뚝 떨어지며 한때 제 몸을 지졌던

* Karla Bonoff의 노래.

기록 보관소
── B구역

지문
그의 손길이 표면장력 위에 자리를 잡았다
그는 여전히 내게로 돌아오는 어떤 와중(渦中)이지만
저 고요한 중심이 시계방향으로
꼭 한 번은 흘러넘쳐야 하겠지만

I love you for sentimental reason[*]
작사도방(作舍道傍)이라 해야 할지
뭇입들이 지나가며 길을 냈다고나 할지
그 옆에서 흘린 침처럼 쪽잠을 잤다고나 할지
절반은 동남향이고 절반은 절벽인 전전반측의 끝에서
잠 속까지 쫓아오는 저 입들의 스키드 마크라니

파문
물 위에 우리가 앉은 자리가 있다 네가 있는 거기가 윗목이다 이런, 너는 이쪽을 보느라 다 젖었구나 파지는 파지의 노래를 하고 의지는 의지와는 아무 상

관이 없다네 정오표도 없이 네가 쓴 글자가 흘러드는
이 저녁, 글자들을 다 받아먹는 식탐의 이 저녁

광풍제월(光風霽月)

죽은 할아버지를 배웅하러 갔다가
할머니는 초승달에 온몸을 다 긁혀서 돌아왔다
십이지장처럼 표면적을 넓힌 할머니,
표정 없는 표정이 십 리에 걸쳤다

머리를 들어낸 자리에서 새어 나오는 한숨은
바람 소리도 흉내 낼 수 있다네
독방 안에서 촘촘하던 월명(月明)이여 폐활량과 병
목 구간에서 잠깐씩 빛나던 담배와 자차분한 늦은 식
사여 시든 젖꽃판이 부르던 원왕생이여

저기 칠성판을 타고 할머니 강을 건너시네

* Laura Fygi의 노래.

기록 보관소
— C구역

가족사진
한데 모인 탁상공론을 인화하는 저 손길 좀 봐
여자의 파과기(破瓜期)는 치마를 키우고
남자의 파과지년(破瓜之年)은 홍적세를 향한다네
변성한 아이들과 무덤에서 나온 조상들을 한구석에 몰아두고
우리는 어떤 절기에 초점을 맞추어왔던 걸까

Broken hearted Melody *
매흙을 바르듯 마음을 바를 수만 있다면
바람도 시선도 건너오지 못하는
어떤 독작이, 심심산천이, 고요한 수전증이, 아니면 떠도는 눈빛이거나 심방(心房)의 수런거림이 잦아들 수만 있다면
엎지른 물처럼 그이가 내게서 새어나갈 수만 있다면

구운몽
대상포진처럼 구름이 그의 둘레에 모여들었다고 하

자 그가 운판(雲版)이 되어 끼니때마다 신음을 냈다고 하자 그러면 너는 그를 올라탈 수 있겠니?

그의 들숨과 날숨 사이에서 매지구름이 묻어 나왔다고 하자 그래도 네 손수건은 눈을 닦는 데만 쓰겠니? 각혈을 따라하는 저 조각들을 손가락으로 문질러 지워버렸으면!

돌아본 그가 구름 기둥이 되었다고 하자 그렇지 않아도 너는 막 붙잡으려던 참이었다고 하겠니? 걸레 잡은 손을 휘휘 저으며 그를 닦아내는 것은 아니었니?

담장 너머에서

담장을 끼고 걷다 보면 휘어진 길 저쪽에서, 누군가, 오래전부터 날 기다리고 있었다는 생각이 든다 길 저쪽으로, 내가 오랫동안, 누군가에게 가고 있었다는 생각이 든다

* Sarah Vaughan의 노래.

기록 보관소
— D구역

비닐로 채워진 부대 자루

비닐, 하고 부르면 뭉클한 느낌이 목에까지 올라온다
그것을 랩처럼 너의 얼굴에 동여매고
여기까지 실어 왔으니, 한마디도 못 하게 하고
뚱뚱해도 무겁지 않고 버려져도 썩지 않고
그렇게 한 손으로 부렸으니, 비가 와도 젖지 않고
다른 손으로 만졌으니, 손안에서도 손 밖에서도 뭉클한

우유 곽으로 채워진 부대 자루

누운 벽수처럼 쓸모없는 것이 또 있을까
옆으로 누웠으니 저렇게 허연 침을 흘리지
제 안에 그토록 많은 빈방을 허락했으니
허공도 네모반듯했으니
저 모로 누운 천하대장군,
지하에 계신 여장군 생각이 간절하겠네

캔으로 채워진 부대 자루

입을 열면 항문까지가 전부 먹이다
자갈 해변에 자갈이 밀려오듯
자갈 해변에 자갈이 쓸려가듯
온몸에 비명을 쟁여 넣었으니
아픔 바깥에서 저이는 몰지각하고
입을 동쳐 맨 한 손에 온몸이 매달렸으니
덩치 바깥에서 저이는 자잘할 것이네

종량제 봉투

나는 평생 화혼과 수연과 부의를 왕복하였다
네가 오면 입을 열고
네가 가면 입을 닫았다
너의 일생을 이렇게 요약하였으니
그래서 이토록 뚱뚱해졌으니

|해설|

생활 세계와 기호계의 시적 동기화

조 강 석

1. 해석복합체로서의 세계

 모던 철학자들의 성과와 더불어 우리에게 두루 알려진 논제 하나는 세계가 베일이 가려진 신부가 아니라 애타게 해석을 구하는 구혼자라는 것이다. 이 관점에서 세계는 객관적 실재의 덩어리라기보다는 해석복합체로서 거듭 발견되고 탄생하는 구성체이다. 그리고 바로 그런 맥락에서 세계는 비의의 간파와 더불어 재로 변할 책으로 존재하는 것이 아니라 텍스트, 언어, 기호 그리고 문화 들을 서로 관련짓는 체계 즉 기호계semiosphere로 구성된다고 말할 수 있다. 유리 로트만은 기호계를 '체계들의 체계'로 규정한 바 있는데, 흥미롭게도 그는 각각의 체계들은 삼투 가능한 '기호학적 세포막'에 의해 구획된다고 설명한다. 이

설명에 따르면 세계는 이제 교섭 가능한 체계들의 관계와 구성에 의해 발생한다. 그러니 만약 우리가 바슐라르를 따라 시적 이미지를 '태어나는 상태의 의미'라고 말할 수 있다면, 시적 이미지야말로 저 기호 체계들 사이의 삼투막이 되어줄 것이 아닌가?

바로 저 기호 체계들의 삼투막, 거기서 모든 사태가 비롯된다. 생활 세계와 기호계 사이의 상호 침투, 비동기적 기호 체계들 간의 시적 동기화, 그리고 기호의 베일 사이로 배어나는 멜랑콜리 등이 모두, 막 착상된 의미를 수태한 시적 이미지의 자장 안에서 발생한다. 두말할 것 없이, 해석복합체로서의 세계에 의미의 포자를 심어놓는 것이 바로 좋은 시의 이미지들이 하는 일이기 때문이다.

지금 여기 우리 앞에 놓인 시집에서 권혁웅은 의미의 포자를 기호 체계들의 그물망에 맺히는 매듭들 위에 심어놓느라 분주하다. 단적인 예로 「기록 보관소」 연작에서 추려본 다음과 같은 대목들에서 우리는 그가 태어나는 상태의 의미를 배양하고 있는 현장을 들여다볼 수 있을 것이다.

(1)
내게는 인명 색인으로만 된 책이 한 권 있지
어떤 이는 모자라고 말하고
다른 이는 헐거운 구두라고 말하는 것은
그들이 급히 이곳을 떠났기 때문

(2)
나는 평생 화혼과 수연과 부의를 왕복하였다
네가 오면 입을 열고
네가 가면 입을 닫았다
너의 일생을 이렇게 요약하였으니
그래서 이토록 뚱뚱해졌으니

사태를 거꾸로 풀어내보자. 사물과 이름의 교통에 있어 전후 관계를 역전시키고 생각해보면 여간 흥미로운 일이 생겨나는 것이 아니다. 인용된 구절들에는 각기 부제들이 달려 있다. 무엇이겠는가? 우선 첫번째 시, 여기에는 그나마 힌트가 많이 제시된 편이다. "인명 색인으로만 된 책이"라고 명기되어 있으니 말이다. 우리는 통상, 여러 사람들이 자신의 이름을 적으며 특정한 장소에 방문의 흔적을 남긴 것을 방명록이라고 부른다. 이때 방명록은 보통명사이다. 즉, '방명록은 방문객들이 이름을 적어놓은 책이다'라는 진술에서 주부와 술부는 모종의 상응 관계를 이룬다. 로트만의 설명을 원용하면 이때 모종의 상응 관계를 이루는 양자 중 후자는 메타언어의 층위를 이룬다. 즉, 후자는 상응 관계에 의해 전자를 풀어낸 것이 된다. 대개 보통명사가 하는 일은 그런 것들이다. 그러나, 만약 인용된 것처럼—물론 인용된 대목의 부제는 '방명록'이다—'방명록'을 "모자"와 "헐거운 구두" 그리고 '누군가 급히 떠난 흔적'으로 풀면 이것은 사건이다. '이러저러한 것을 방명록이라고 이름 붙인다'가 아니고 '방명록이란 모자이다' '방명록은 헐거운 구두이다'라는 방식의 진술이 성립하면 이제 '방명록'은 보통명사가 아니라 고유명사가 된다. 즉, 이때 후자는, 다시 말해 인용된 (2)의 내용 전부는 '방명록'을 규정하는 언어가 아니라 '방명록'과 대응하는 "대상-언어"(로트만)가 되며 양자는 "이질동상성"의 관계를 지니게 된다. 이 말을 풀자면, '방명록'은 자신의 속성과 용도에 상응하는 메타언어로 풀리는 대신, 모자와 헐거운 구두를 통해 즉, 가벼운 인사와 서둘러 떠나는 행위들을 환기하는 '대상-언어'를 통해 이 세상에는 없던 의미론적 자질을 지닌 '방명록'으로 즉, 고유명사로 태어난다. 「기록 보관소」 연작은 바로 이와 같은 파종 작업들의 현장 기록이다. 그러니까, 시인이 이 연작을 시집의 가장 뒷부분에 둔 것은 아마도 일종의 '영업 비밀'을 마지막에 부기한 것이라고 할 수 있겠는데 태어나는 상태의 의미들을 파종하는 시인의 작업실을 시집의 끝머리에 이렇게 공공연하게 개방하는 것은 한 번은 완료된 독서 행위 뒤에 다시 한 번 독자들을 이질동상성의 놀이에 기꺼이 초대하기 위함이 아니겠는가?

그렇다면 그가 제안하는 이 이질동상성 놀이에 기꺼이 참여하며 한 의미의 탄생을 지켜보자. (2)에서 새로 태어

나는 고유명사는 무엇이겠는가? 수수께끼야말로 바로 이런 의미에서 고유명사의 자궁이 아니겠는가. 보라, '너'의 오고 감에 따라 입을 열고 닫는 것을 반복하며 화혼과 수연과 부의의 한 생을 살고 종내는 둘레가 가득 찬 자루로 남게 되는 것은? '종량제 봉투'라고 파종자는 답하고 있으니 이는 '종량제 봉투'가 고유명사로 환생하며 누리는 호사가 아니고 무엇이겠는가? 물론, 여기에는 또 하나의 사태가 연루되어 있다. '종량제 봉투'가 누군가의 삶에 대한 비유로 펼쳐지는 국면이 그것이다. 과연 그러고 보니, 여기에는 두 단계가 설정되어 있다. 하나는 '종량제 봉투'가 화혼과 수연 그리고 부의의 생이라는 이질동상성에 의해 고유명사로 태어나는 국면이며 두번째는 그렇게 일단락된 하나의 기호 체계가 한 사람의 사생활의 내력과 맞물리는 국면이다. 그러니까, 앞의 국면을 기호계의 성립과 운용 과정으로 풀 수 있다면 뒤의 국면은 사생활의 재구성 과정으로 풀 수 있을 것이다. 여기 담긴 '영업 비밀'은 바로 기호계와 생활 세계의 연동을 위한 시적 동기화synchronization라고 할 수 있다. 비동기적인 두 개의 계(界)가 의미를 파종하는 시적 작업에 의해 동기화되는 현장을 우리는 이 시집의 곳곳에서 다채롭게 경험할 수 있다.

2. 비동기적 기호 체계들의 시적 동기화

(1)

파라과이의 사막에 사는 풍선개구리(*Lepidobatrachus laevis*)는 쓰고 버린 개집이나 퍼질러놓은 똥처럼 생겼다 짧은 우기가 왔을 때 물을 빨아들이기 위해서다 미안하지만 버려진 것은 눈물을 삼켜도 버려진 것이다 생리나 설사를 기록해둔 첫날밤이란 없다 그는 가끔 뒷발로 서서 몸을 부풀리며 소리를 지른다 변심한 애인의 집을 찾아가…… 운운하는 주인공을 따라하는 것이다 미안하지만 그것은 운명극이 아니라 풍선 터뜨리기 놀이다 한번 터진 풍선은 다시는 터지지 않는다

(2)

나미브 사막의 웰위치아 미라빌리스(*Welwitschia mirabilis*)는 혀뿌리 같은 밑동에서 달랑 두 장의 잎을 내는데 잎 하나의 길이가 9미터에 이른다 가닥가닥 헤진 누비이불 같고 먼지 앉고 찢어진 리본 조각 같은데, 자기들끼리 엉겨서 1,500년을 산다 대서양에서 밀려오는 안개를 받아먹기 위해 그렇게 길어진 거다 비가 오지 않아도 간절한 잎은 서로의 침샘을 찾아간다 '함께'라는 말의 어원에는 혼자가 있다 너덜너덜해진 잎 끝은 1,500년 동안 닳아서 없어진다 너무 오래도록 그는

제 자신을 탐한 것이다

　권혁웅은 이 시집에서 여러 형태의 연작시를 선보인다. 만약 시작(詩作)이 상식과 자명함의 베일이 덮어둔 토양 속으로 의미의 파종을 하는 행위라면 그렇게 탄생된 시편들은 기호와 의미의 나무라고 할 수 있으며 그런 시편들로 묶인 연작시들은 기호들의 숲을 이룬다고 할 수 있을 것이다. 이 시집에 실린 여러 형태의 연작시들은 바로 이 기호들과 의미들의 울창한 숲을 우리 눈앞에 펼쳐 보이고 있다. 그리고 파종이 나무의 생육으로 그리고 숲의 생장으로 전개되는 원리는 기호 체계들 간의 동기화에 따른 연동이다.

　권혁웅이 일련의 연작시들에서 보여주고 있는 것은 각기 독립적인 코드를 지닌 기호계의 동기화와 그에 따른 의미의 수태(受胎)이다. 그러니 각기 독립적인 기호계들의 동기화가 목적하는 바란, 바로 날것인 의미들의 수태고지라고 할 수 있겠다. 인용 (1)을 보자. 다시 한 번 일부러 제목을 생략했다. 이것은 무엇이라는 고유명사일까? '풍선개구리―몸을 부풀림―터져버림―돌이킬 수 없음'이라는 의미 연쇄의 끝에서 착상되는 고유명사는 무엇일까? 뜻밖에도 그것은 '첫사랑'이다. 이 시의 제목은 「첫사랑――야생동물 보호구역 2」이다. 주의할 것은 이때 우리가 시적 이미지의 역능에 의해 얻은 고유명사가 '풍선개구리 같은 첫사랑'이 아니라 '풍선개구리―첫사랑'이라는 사실이다.

다시 유리 로트만을 원용하면 전자에서 첫사랑은 보통명사이며 후자에서야 비로소 그것은 고유명사가 된다고 할 수 있다. 왜냐하면 전자가 특정한 부분적 자질에 의해 설명되는 언술 체계라면 후자는 이질동상성에 의해 관계 맺는 명명의 과정을 통하기 때문이다. 즉, 이때 풍선개구리는 첫사랑을 비유하기 위해 동원된 것이 아니라 당당히 하나의 기호 체계의 대표자로 이질동상성의 협상 테이블에 마주 앉아 있는 것이다. 물론 상대 테이블에는 '첫사랑'이 마주 앉는다. 그리고 협상의 타결에 따라 동물의 생태를 구성하는 기호계와 생활 세계의 일단을 구성하는 기호계가 동기화된다. 바로 이때 탄생하는 것이 '풍선개구리―첫사랑'이라는 고유명사이다. 두말할 것 없이, "한번 터진 풍선은 다시는 터지지 않는다"는 진술은 바로 이 고유명사의 의미론적 실정성을 규정한다.

바로 이런 의미에서 볼 때 권혁웅의 '야생동물 보호구역' 연작은 기호계의 동기화에 따른 고유명사들의 탄생 설화에 비견될 수 있다. 예컨대, 이런 방식으로 우리는 인용 (2)에서처럼 '미라빌리스―입맞춤'을 얻을 수 있다. 그리고 같은 방식의 협상 과정과 고유명사 산출 공정(?)에 의해 '인더스강돌고래―회상' '가시복어―기다림' '시모토아엑시구아―고백' '텍사스뿔도마뱀―이별' 등의 참으로 고유한 명사를 갖게 된다. 만약 그래도 여전히 '미라빌리스 같은 입맞춤'과 같은 형식의 비유를 굳이 얻으려는 독자가 있다면 물론 그에게도 권혁웅의 '야생동물 보호구역' 연작은 또 하나의 사전과 용례를 제공해줄 수는 있을 것이다. 그러나, 또 하나의 고유명사를 얻으려는 독자에게 이 연작은 한눈에 하나씩 들어온 이질적 기호계들이 한 화면에 동기화되는 장면에서 발생하는 의미의 3D를 체험하게 해준다.

(1)
막간극의 앞뒤는 도덕극이다 일곱 가지 대죄가 둘을 괴롭히지만 둘에겐 시간이 많지 않다 양의 아버지 차례다 바르르 떨던 어머니와 사위로 찍어둔 사내는 생략하자 이루 말할 수 없는…… 필설이란 그런 것이다

장인의 배려로 연 콘서트에서 오는 재기하게 된다 하지만 광고도 막간도 본편을 대신하지는 못했다 그녀의 미래는 푸르지도 않고 이 편한 세상도 아니다 그녀에겐 시한이 있다 9시 뉴스가 그녀를 기다리고 있다

기침이 잦아들고 우루사가 힘을 냈다 해도 결론은 백혈병이다 [……]

(2)
몸이 허공에 뜬 후에야 윤(尹)은 도를 알았다 첫번째 걸음에 고장 난 브레이크와 생명보험의 관계를, 두번째 걸음

에 자기 앞에 어동육서, 좌포우혜를 펼칠 안(安)의 심모원려를,

그리고 마지막 걸음에 조강지처인 자기 대신에 들어설 현모양처의 어렴풋한 윤곽을 알았다 윤은 허공답보의 초식을 깨쳤으나 그것을 시전하기에는 시간이 너무 없었다

〔……〕

윤이 안과 동귀어진 하려는 순간, 만년인형설삼을 닮은 아이 하나가 들어온다 엄마 없는 하늘 아래가 거기다 때아닌 경극이지만, 윤의 단전에는 뜨겁게 치미는 게 있다 물론 안의 눈에서도

만천화우와 행운유수는 암기와 독수지만 엔딩 신으로도 상관은 없다 꽃비 아래서 윤과 안과 아이는 가부좌를 틀고 앉아 염화미소를 짓는다 남비와 님비 사이에서, 다들 비위도 좋다 참 좋다

인용된 두 편의 시는 또 다른 연작인 '드라마' 연작의 일부이다. 우선 인용 (1)을 보자. 일일 드라마의 보편 문법(?)을 재기로 풀어 쓴 이 작품의 제목은 무엇일까? 이 작품의 제목은 「예고된 죽음의 기록——드라마 4」이다. 누구

나 짐작할 수 있는 플롯에 의해 사랑과 음모, 배신과 애증의 행보가 지리멸렬하게 펼쳐지다가 마치 예정된 것처럼 항상 불치병으로 마무리되는 통속극에 '예고된 죽음의 기록'이라는 제목을 붙였으니 그 자체로도 재기 넘치는 것이 되 시인이 이 작품의 제목을 가브리엘 가르시아 마르케스의 소설 원작으로부터 취했다는 것 역시 흥미롭다. 마르케스의 소설과 통속극 사이의 낙차가 아득하기 때문이다. 그러나, 시인은 패러디를 목적으로 작품의 제목을 취한 것이 아니라 이 낙차를 전경화하기 위해 바로 그 제목을 취했다고 할 수 있다. 이는 비슷한 구조로 이루어진 그의 '드라마' 연작을 살펴보면 확연히 드러난다. 다른 '드라마' 연작들 역시 대개 이 기호계 사이의 낙차를 정확히 겨냥하고 있다. 예컨대, 인용 (2)를 보라. 이 작품의 제목은 「소오강호──드라마 7」이다. 무협의 세계야말로 마치 경극과도 같은 '코드'의 세계이니 이 시 역시 코드와 코드의 교통이 문제되는 작품이 아닐 수 없다. 군말을 붙일 필요 없이 여기서도 역시 두 기호계 사이의 낙차가 전경화된다.

이처럼 배신과 치정의 통속극을 대의를 중히 여기는 무협지의 문법으로 풀어낸 「소오강호」나 역시 치정과 복수의 드라마에 반어적 제목을 붙인 「순수의 시대」 등의 예에서 다시 한 번 단적으로 확인되듯이, 약속된 기호 체계가 다른 기호 체계와 만나서 표리부동함으로써 발생하는 낙차를 겨냥한 것이 바로 '드라마' 연작이라고 할 수 있다. 그런 맥락에서 볼 때 여기서도 역시 문제는 기호 체계 사이의 동기화라고 할 수 있을 것이다. '야생동물 보호구역' 연작이 좌우의 시야에 각기 달리 포착된 기호계들이 한 시점에 동기화될 때 발생하는 의미의 입체화 효과를 보여준다면 '드라마' 연작은 두 기호계가 동기화되지 않고 서걱거릴 때 발생하는 의미의 낙차를 보여준다고 할 수 있다. 권혁웅은 이 연작들에서 부지런하게 기호계를 넘나들며 통상의 시적 비유와 아이러니 너머를 엿보고 있다.

3. 생활 세계의 탈신화화

다음의 항목들로부터 무엇을 떠올릴 수 있는가? 가루비누와 합성세제, 장난감, 포도주와 우유, 비프스테이크와 감자튀김, 장식적 요리, 배우 그레타 가르보의 얼굴, 스트립쇼, 플라스틱, 양비론, 인간, 가족 등등. 이 예들은 롤랑 바르트가 그의 저서 『신화론』에서 현대 세계의 신화가 된 기호들의 예로 든 것이다. 이 기호들이 생활 세계에서 신화로 간주되는 까닭은 그것들이 자연을 가장하며 세계를 부동화하기 때문이다. 어떤 기호들은 우리의 일상을 자신들의 품 안에 고착시킨다. 종종 우리의 일상은 바로 그 신화들에 대한 소문들로 이루어지며 이때 삶은 부동이다. 지금까지의 삶이 본래적 삶이며 영원한 삶으로 간주되기 때문이다. 그런데, 만약 시인의 언어가 현실을 재현하는 것이 아니라 의미화해야 한다면 그의 언어는 이 신화들로 굳어진 세계를 자명하지 않은 것으로 드러내 보여야 한다. 예컨대, 이미 녹색과 서민을 신화의 볼모로 잡힌 마당에, 급기야 공정과 소통이라는 기호마저 당위를 현실로 뒤바꾸는 술어로 사용되는 지경이라면 기호계의 역습은 한 치도 늦출 수 없는 노릇이다. 재현 대신 의미화 작업이 언어를 양손에 든 시인의 일이라면 말이다.

그럼, 다음의 항목들로부터 무엇을 떠올릴 수 있는가? 외설(猥褻), 청승(靑蠅), 덕후(德侯), 기독(氣毒), 후다마진(後多馬陳), 단죽진(斷竹陳)…… 등등. 인용된 항목들은 모두 「소문들」 연작에서 가져온 것이다. 이 연작에서도 시인은 생활 세계와 기호계의 연동을 위해 동기화를 꾀한다. 그러니까, 한쪽에는 다양한 인간 군상들의 행태가 또 다른 한쪽에는 주로 한자의 독음을 통해 익숙한 어휘를 음차한 기표들이 자리한다. 예컨대, '진법(陳法)'이라는 부제가 붙은 작품의 한 대목은 이런 식이다.

묘탁번진(妙卓番陳)
양익이 나서면 학익진이고 중군이 앞서면 추형진이다 묘탁번진은 이 두 진을 합쳐 적을 포위하는 동시에 돌파하는 진이다 이 진을 위해서는 일사불란한 지휘 체계가 관건이므로 전장에서 잔뼈가 굵은 고참병들을 활용해야 한다 혹자는

탁번을 학번(虐番: 교대로 학살함)이라고도 부른다
　　　　　　　　　　　—「소문들——진법」부분

 이 시는 일종의 '논쟁의 기술'에 대한 풍자라고 할 수 있겠는데 인용된 부분 역시 대학 입학 연도의 순번이 논리의 궁색함을 타개하는 방편이 되곤 하는 상황에 대한 풍자라고 할 수 있다. 한자 독음을 활용하여 능청을 부리는 이런 예들을 우리는 「소문들」 연작 전체에서 확인할 수 있다. 그런데, 이때 한자 독음을 통해 일종의 편pun을 사용한 풍자가 단순히 언어유희에만 그치는 것은 아니다. 「소문들」 연작이 겨냥하고 있는 것은 단순한 말놀이만은 아니다. 익숙한 어휘에 한자 독음을 붙여 일종의 '낯설게 하기'를 수행함으로써 그는 일상적으로 행해지는 여러 행태들을 일종의 관습적 규약으로 받아들이는 행태에 대해 (독음 차원에서) 익숙하면서도 (한자의 의미와 시각적 효과의 차원에서) 생경한 기호 체계를 적용해봄으로써 일종의 관습적 의사소통의 재의미화 작업을 꾀하고 있다고 할 수 있다. 다시 말해 그는 약속된 기호의 자리에, 귀에는 익숙하지만 시각적으로는 생경한 기호를 던져놓음으로써 삶의 자동성을 슬쩍 비틀어본다고 할 수 있다. 즉, 그는 익숙한 기호에 대한 청각적 동일시와 시각적 일탈을 동시에 수행함으로써 자동적 '소통'을 일시 단속하고 제도적이고 관습적인 의미망들에 대한 평균적인 감정 상태(스투디움, studium)를 꼬집어 비트는 일을 수행한다. 예컨대, 일상의 여러 관행에 대한 풍자로 이루어진 「소문들」 연작의 스투디움 어딘가에서 유독 우리의 눈을 찔러오는 다음과 같은 대목은 이 연작 전체에 대해 일종의 풍크툼punctum으로 기능한다고 말할 수 있다.

용역(龍歹)

용산에서 발흥했으며 우면산의 검경(劍京), 발치산의 공산(恐汕)과 함께 3대 조폭이었으나 동이와 오환의 대살육 때에—이를 육이오(戮夷烏)라 부른다—검경과 연합, 공산을 궤멸하여 장안을 장악했다 정직한 자를 잡아가고 가난한 자를 태워 죽이며 속이는 자에게 쌀을 주고 부유한 자의 곳간을 지켜, 그 악명이 자자하다 최루탄지공, 개발이익조, 아수라권, 물대포신장, 소요진압진 등의 연합 무공을 쓴다

—「소문들—유파」 부분

용역(龍歹)은 '용이 높이 솟는다'는 뜻이다. 그러나, 인용된 시에서 이를 글자 그대로의 의미로 받아들이는 것은 말 그대로 난센스nonsense이다. 소리는 유지하면서 '用役'을 '龍歹'으로 고쳐 씀으로써 발생하는 효과는 '용역'이라는 기호에 대한 초점화이다. 그러니까, 인용된 부분은 단지 풍자의 효과만 거두는 것이 아니라 독자로 하여금 말 자체의 쓰임에 대해서도 관심을 기울이게 한다. 예컨대,

만약 누군가가 엄정한 절차를 무시하고 친족을 중히 쓰는 것을 '公正'이라 명하고 이를 '공정'이라고 읽음으로써 저 기호의 실정성을 당위의 차원에서 현재의 관행을 정당화하는 술어의 차원으로 변경한다면, 우리는 그야말로 "민족자결주의처럼/어리둥절하게"(「사생활의 역사」) 될 것이 아니겠는가? 과연 저 기호 내부에서 감행되는 '반역'을 어떤 방식으로 수습할 수 있을 것인가? 기호 자체에 대한 재초점화가 그 방편이 될 수 있는 것은 아닐까? '空庭'이라고 쓰고 '공정'이라고 읽으며 이를 '엄정한 절차를 무시하고 친족을 중히 쓰는 관행'이라고 풀면 우리의 관심은 '공정'이라는 기호의 표리부동에 맞춰지게 된다. 권혁웅의 「소문들」 연작은 바로 그런 의미에서 우리에게 기호들의 의미 연관에 대해 다시 생각해보게 만드는 효과를 거두고 있다. 기호 자체에 대해 다시 주목하게 함으로써 저 기호의 자동적 인지와 관행의 암묵적 용인에 대해 새삼 묻게 하는 것, 그렇게 일상의 세목들을 기호의 상황적 용례에 따라 탈신화화하는 것이 이 작업의 전말이다. 예컨대, 다음 작품은 재기와 말놀이를 통해 일상에 대한 자동적 인식을 멈추게 하고 그 자리에 새로운 의미들을 기입해나가는 예를 공간적으로 보여준다.

빅뱅 이후 별들이 무서운 속도로 이동하고 있다는 거 아시죠? 그래서 별자리들도 바뀌죠 새로 자리 잡은 황도십이궁을 소개해드립니다 지금 하늘에서 으뜸가는 별자리는 예전에 오리온자리였던 **삼성**입니다 혹자는 이를 삼대로 잘못 읽기도 하는데, 나란히 빛나는 세 별을 일가족이라 여기기 때문입니다 [……] 지금은 빛을 많이 잃었으나 아직도 아랫동네에서는 쳐주는 별자리가 **육사**입니다 이곳의 정기를 타고나면 머리가 벗겨지거나 보통 사람이 되지만 힘은 무지 세지거든요 [……] 철거와 토목공사를 좋아하는 이들의 별이 **금성**입니다 사실 금성은 행성이니까 별이 아니지만, 워낙 밝아서 (혹자는 이들이 그냥 무식해서라고도 합니다만) 별자리로 착각한 것이지요 여기저기 끼어들어서 다른 자리를 어지럽히는 이 별의 운행을 그들은 하는 일 없이 끌어당긴다 하여 적수공권의 중력, 줄여서 공권력이라 부릅니다 마지막으로 이름 없는 이들의 별자리가 **방성**인데요, 어떤 이는 이를 방성대곡의 준말이라고도 하고 다른 이는 시일야방성대곡의 준말이라고도 합니다 아무리 크게 눈을 떠도 지금 세상에서는 보이지 않는 오등성, 육등성 들의 별자리죠 짐작하셨겠지만 그들의 숨죽인 눈물이 **유성**입니다 유성우가 쏟아지는, 지금은 별이 빛나는 밤입니다   ―「소문들―성좌」부분

이 시 역시 양상은 앞서 살펴본 시에서와 유사하다. 즉 이 시는 말놀이가 주는 재미 이외에도 기호의 지시 대상과 기의의 실정성 사이의 표리부동을 시의 전면에 노정함으로써 삶의 운행이 별자리의 진행처럼 자명하고 이치에 닿는

것이 아니라는 사실을 부각시키는 효과를 낳고 있다. 즉, 이 시는 삶의 자동성을 목적으로 삼는 '신화적' 기호들의 운행에 대해 어긋장을 놓으며 별의 운행과 관련된 기호 체계와 그것의 (새로운) 실정성을 구성하는 부박한 삶의 양상을 나란히 놓음으로써 기호의 삶과 삶의 기호 양자의 자동적 연관성을 문제 삼는 시라고 할 수 있다. 이윤 추구와 일방적 권력 행사로 점철되는 생활 세계의 행태를 별자리의 운행과 관계된 기호 체계로 일별함으로써 간극을 드러내는 작업이 기호의 별자리 속에서 이루어지고 있으니, 이를 시인의 방식 그대로, 생활 세계의 내재적 탈신화화라고 거창하게 이름 붙이고 매양 풍자시로 읽는다.

4. 멜랑콜리 혹은 기호의 여백

이 시집에 실린 상당수의 시들이 이처럼 생활 세계와 기호계의 연동과 동기화 문제를 중심으로 흥미롭게 읽히지만 때로 어떤 장면들은 기호계의 장폭이 미처 생활 세계를 커버하지 못한 흔적을 남긴다. 이 시집의 또 다른 배음인 멜랑콜리는 바로 여기서 발원한다. 본래 멜랑콜리란 상징의 베일에 미처 포괄되지 않는 실재가 상징이 비어 있는 자리에 역습을 감행할 때 이를 메우지 못한 대가로 생활 세계에 배어드는 것이 아닌가.

아파트처럼 외로워졌을 때 어머니는 아파트를 잃었다

그 집은 오래도록 골다공증과 협착증을 키워왔다

마다가스카르는 9,000만 년 전에 인도와 헤어졌고

1억 6,500만 년 전에는 아프리카와 갈라섰다

추간판 하나를 떼어내자 대륙이 찢어지며

탕가니카, 말라위, 빅토리아 호가 생겨났다

호수들은 마다가스카르가 두고 온 체액이기도 하다

바오바브나무, 여우원숭이, 텐렉, 살놋 선 보승이

죄다 어머니 슬하다 마다가스카르가 떠다닌다
　　　　　　　　　　——「마다가스카르가 떠다닌다」 전문

아마 '야생동물 보호구역' 연작과 같은 경우라면 이 시 역시 '마다가스카르―멜랑콜리'로 읽혔을 것이다. 그러나, 육친의 일에 대해 그렇게까지 거리를 유지하며 엄정하기는 쉽지 않은 법이다. 그러니 이 시는 기호의 장폭에 포괄되지 않는 여백을 드러낸다. 이 시에서 시인은 생활 세계와 기호계를 연동시키는 대신 '마다가스카르'를 중심으로 구성되는 기호 체계를 생활의 한 비유로 삼는다. 그러니까, 어떤 의미에서는 이 시에서 '마다가스카르'를 중심으로 한 의미망과 삶의 단면은 동기화되는 대신 오히려 맹렬하게 상응한다고 할 수 있다.

우리는 이 시에서 두 가지 정황이 나란히 놓여 있는 것을 발견할 수 있다. 마가가스카르가 인도와 아프리카로부터 갈라져 나와 섬이 되는 정황이 그 하나이다. 또 하나의 정황은 어머니가 아파트를 잃고 떠나게 되는 내력이다. 이 두 장면은 시의 중반부까지 병렬적으로 놓여 있다. 두 장면을 한 지점에서 봉합하는 누빔점은 시의 뒷부분에 있다. "바오바브나우, 여우원숭이, 텐렉, 잘못 선 보증이//죄다 어머니 슬하다"라는 대목이 바로 그것이되 더 정확히는 마다가스카르에 속한 것들의 세목 속에 이질적으로 자리 잡은 "잘못 선 보증"이라는 구절이 바로 이 시의 풍크툼이 된다. 마다가스카르가 제 동식물 품듯 "어머니"는 "잘못 선 보증"을 "슬하에" 두고 있었다는 표현은 참으로 생생하다. 그러니까 이 시에서 마가가스카르와 관련된 기호들은 '어머니의 삶'과 관련되었을 상처를 잘 품고 있다가 저 "잘못 선 보증"이라는 대목에서 봉합을 완결시키지 못하고 그 상처를 기호의 여백에 도로 토해낸다. 바로 그 구멍에서 새어 나오는 것이 멜랑콜리이다. 그러니, "호수들"이 "마다 가스카르가 두고 온 체액"이라면, 멜랑콜리는 그 기호계가 채 메우지 못한 구멍으로 새어 나오는 담즙이다. 기호가 채 메우지 못한 즉자적 슬픔이 마다가스카르의 '허파'에 고여 있다.

    먹은 밥과 마신 물은 구절양장으로 가지만 눈물이 가는 길은 그쪽이 아니더라 그늘의 네 귀퉁이를 싸매고 거기에 사금파리를 보탰다 한들 그 물빛을 설명할 수 있을까 수위야 암만암만이지만 속에 자잘한 것들이 모두 조약돌 력(礫)이라, 오래 닳은 즐거움이 있다는 것도 거기서 알았다 연골이란 게 녹아서 눈물이 되어가는 뼈가 아니고 무엇이겠니? 이제는 곳곳이 누수로구나 나는 더 가벼워져야 하겠지 네 아버지는 염색만 하면 아직도 청화(靑花)일 텐데, 나는 울창한 수목에 다 가려진 혼행이겠구나 날 알아나 볼까, 하는 물음표가 족두리하님처럼 조그맣게 달라붙었다 떨어진다 16년을 혼자서 사행(蛇行)했다 나는 몇 년을 더 구불구불 지나가야 하는 걸까   ——「노모 1」 전문

역시 육친은 가장 기호화되기 어려운 대상이 아닌가 싶다. 이 시에서도 시인은 다양한 비유를 사용하고 있지만 그 양상은 메타-언어적 사용 방식에 준한다. 이때, 시편 자체의 두께는 대상-언어 쪽으로 향한 언어에서와는 달리

조금 더 압착되지만 시의 전언 자체는 보다 곡진해진다. 이 시는 물 이미지와 길 이미지에 크게 기대고 있는 시이다. 시인의 전언은 물 이미지를 중심으로 변주되고 길 이미지를 중심으로 관철된다.

전반부는 물 이미지에 기대고 있다. 어머니의 눈물이 그늘 한켠에서 반짝 빛을 내는 사금파리와도 같은 것이며 그 빛은 오래 닳아서 반들거리는 것만이 내는 빛과 한 종류라는 것, 그리고 빛을 내고 있는 그 연마된 몸에 대한 환유를 이끄는 연골은 처음에 돌이었다가 차차 물이 되어가는 물질이라는 것 등이 시의 앞부분에 제시되어 있다. 요컨대, 닳아 물이 된 돌의 이미지와 구절양장인 삶의 신산함을 겪은 어머니의 모습이 시의 전반부에 동시에 제시되어 있으되 전자는 후자 쪽으로 자연스럽게 포개어진다. 전자가 후자의 메타-언어이기 때문이다. 즉, 비유이기 때문이다.

시의 후반부 역시 자연스럽다. 앞부분의 "구절양장"과 상응하여 어머니의 삶이 "구절양장"의 천로역정이라는 것, 앞으로의 삶도 "구불구불 지나가야" 하리라는 함의가 "사행(蛇行)"이라는 비유 속에 압축적으로 제시되고 있다. 그러니, 전반부와 후반부에 사용된, "닳아 물이 된 돌"과 "사행"이라는 이미지 안에 이미 시인이 말하고자 하는 모든 것이 다 담겨 있다. 그러나 이것은 객관적 상관물도 무엇도 아니다. 왜냐하면 저 비유들 아래로 비유로 포괄되지 않는 육친에 대한 애틋함이 흥건하기 때문이다. 본래 멜랑 콜리란 또한 그런 것이다. 생활 세계와 기호계가 조화와 반목을 거듭하는 것으로도 미처 메우지 못한 저 깊은 상징의 공동(空洞)에는 멜랑콜리가 고여 있다. 그리고 그 멜랑콜리는 '기호학적 세포막'에 자꾸만 삼투된다. 흔적은 흔적대로 어쩌랴……

권혁웅의 이번 시집의 대종은 생활 세계와 기호계를 동기화하여 양자의 연동 과정에서 발생하는 여러 사태를 제시해 보이는 쪽에 있을 것이다. 생활 세계와 기호계가 각기 다른 경로를 통해 지각될 때 두 눈의 시차(視差)가 형성되는데 이 시차가 한 초점에서 적절히 조율될 때 한편으로는 언어에 입체감을 조성하면서도 또 한편으로는 우리의 생활 세계에 대해 새로운 각도에서 새삼 다시 바라보기를 종용하는 성과를 거둔다. 그런가 하면 양자가 자연스럽게 한 초점에서 정렬되지 못하고 자꾸만 어긋나게 되는, 글자 그대로 표리부동한 상황을 보여주는 시에서는 생활 세계와 기호계의 아득한 낙차가 전경화된다. 그리고 그 과정을 통해 시는 기호의 실정성을 자문하게 하고 생활 세계로부터 자명한 기호들의 베일을 벗기고unveil 이를 탈신화화한다. 그리고 생활 세계와 기호계가 조화와 반목을 거듭하는 것으로도 미처 메우지 못한 저 깊은 공동(空洞)에는 멜랑콜리가 고여 있다. 그러니 이 시집 전체를 우리의 생활 세계에 던져진 기호의 세포막이라 부른들 기호가 섭하랴, 세계가 섭하랴. 끝으로 이 시집 원고를 가장 먼저 읽는 호사를 누린 독자의 눈을 찌르는 풍크툼 하나를 덧붙인다.

    집으로 가는데도 여전히 집으로 가는 그런 길이 있다
                          —「집으로 가는 길」 부분